U0893966

漫画版

别让不会说话害了你一生

赵全 著　墨鱼文化 绘

群言出版社
QUNYAN PRESS
·北京·

图书在版编目（CIP）数据

别让不会说话害了你一生 / 赵全著；墨鱼文化绘 . 北京：群言出版社，2024.7.--ISBN 978-7-5193-0962-6

I.H019-49

中国国家版本馆 CIP 数据核字第 20246ZF243 号

责任编辑：周连杰
封面设计：末末美书

出版发行：群言出版社
地　　址：北京市东城区东厂胡同北巷 1 号（100006）
网　　址：www.qypublish.com（官网书城）
电子信箱：qunyancbs@126.com
联系电话：010-65267783　65263836
法律顾问：北京法政安邦律师事务所
经　　销：全国新华书店

印　　刷：三河市刚利印务有限公司
版　　次：2024 年 7 月第 1 版
印　　次：2024 年 7 月第 1 次印刷
开　　本：710mm × 1000mm　　1/16
印　　张：12
字　　数：80 千字
书　　号：ISBN 978-7-5193-0962-6
定　　价：58.00 元

目录

CONTENTS

第一章
有些人为什么总是说错话

1 健谈并不等同于会说话 002
2 自说自话，不懂得迎合 005
3 没有为他人留出说话的空间 008
4 在言语中炫耀自己 011
5 习惯性说“我”，而不是“我们” 016
6 谈话缺乏明确的主题 020

第二章
如何说，人们才会信任你

1 与朋友交往，贵在真诚 026
2 主动找话题，拉近彼此之间的距离 030
3 保持亲和力是接近他人的基础 035
4 把认真倾听当成一种习惯 039
5 用礼貌用词来武装自己的话 043
6 同情心是拉近关系的必备要素 047

第三章

这样说，人人都爱听

1 幽默的话语往往更具魅力 052
2 多一点赞美，少一点批评 057
3 必须批评时，先做好自我批评 062
4 把拒绝说得更加委婉一些 065
5 注意采用抑扬顿挫的声调 070
6 说话也要懂得八面玲珑 074

第四章

自我克制的说话艺术

1 控制情绪，保持风度 080
2 不要总是在他人面前抱怨 085
3 有争议性的话题最好少说一点 089
4 尊重他人的表达权，不随意插话 092
5 不要把话说得太绝对 095

第五章

有些话你绝对不能说

1 背后伤人的话最好不要说 100
2 避免废话，浓缩就是精华 102
3 不了解的东西就不要发言 105
4 说话要有理有据 109
5 善意的谎言有时候不可或缺 114

第六章
让你的话充满魅力

1 善于把握对方的好奇心 118
2 注意肢体语言的配合 122
3 善于借助他人之口来帮助自己说话 127
4 说话前先思考 10 秒钟 130
5 顺势追问，避免冷场 135

第七章
把话说得滴水不漏

1 没有说错话的老板，只有不会说话的员工 140
2 承诺太多反而会失真 146
3 正话有时候也要反过来说 150
4 尽量避免命令式的语气与口吻 154
5 注重沟通中的互动交流 159

第八章
成为交际达人

1 聪明人不妨说一点糊涂话 164
2 以柔克刚的说话艺术 168
3 以退为进说服他人 173
4 谦卑的说话之道 176
5 自然朴素的语言魅力 180
6 保持你的个性 183

第一章

有些人为什么总是说错话

1. 健谈并不等同于会说话
2. 自说自话，不懂得迎合
3. 没有为他人留出说话的空间
4. 在言语中炫耀自己
5. 习惯性说“我”，而不是“我们”
6. 谈话缺乏明确的主题

1 健谈并不等同于会说话

在生活中，有很多这样的人，他们喜欢和朋友们聚在一起聊娱乐八卦、热点新闻，或者针对周围的人和事发表一通见解。这些人甚至乐于花费一整个下午乃至一整天的时间就某一个话题和他人深入探讨。

大家把这样的人称为“健谈的人”，并认为他们一定具备很强的交际能力，具有他人无可比拟的好人缘。

我们先了解一下这类人的两个特征：第一个特征是说得多，能说很久；第二个特征是说得杂，即他们所说的话题很广，而且跨度非常大。这两点决

定了健谈的人容易说错话，毕竟说得越多越容易出错。他们在谈论某个话题的时候，如果并不具备充足的知识储备就会加入很多主观判断，从而缺乏对客观事实的理性分析。

健谈的人只对自己的话题感兴趣，但对于其他人来说，这些话题并没有那么吸引人。这时，谈话者说了更多的话意味着倾听者要承受更多的无聊。

一个健谈的人喋喋不休地谈论倾听者根本不感兴趣甚至反感的话题，这会让双方的交流变得很尴尬。并且，某个人说得过多，就会造成其他人话语权的减少，话语权的分配失衡不利于人际交往。

美国原国务卿希拉里曾经提出过一个法案“健康安全法案”。法案还未推出就引来一片骂声，因为在国会演讲时，希拉里为了讲清法案内容，竟然一口气讲了整整 4 个小时。

这个会议几乎让每一个在场的议员都昏昏欲睡。他们不知道希拉里为什么要花费那么长的时间进行讲解，而且当他们得知整个法案足足有 1342 页内容时，几乎崩溃了。

有的人可以随时随地和你聊上一整夜或者一整天，但他们未必是最好的演说家。一个好的演说家应该有能让他人听上一整夜或者一整天都不会感到厌烦或者劳累的能力，而不是喋喋不休地在他人面前说上十几个小时。仅仅依靠说话的时长以及热情，不足以判断一个人是否具备演说天赋。就像我们在日常生活中所遇到的那些喜欢说话的人，那些一聊起来就喋喋不休的人，他们只是更喜欢说话和表现自己，而非拥有高明的演说技巧或者天赋。

所以，一个真正会说话的人往往注重场合以及说话的分寸，懂得收放自如。

2 自说自话，不懂得迎合

英国科学家法拉第在实验室中发现电磁感应现象后非常高兴，认为这是一个足以改变世界的大发现，可是随之而来的研究经费短缺的问题让他头疼不已。就在他感到为难的时候，助手提出建议：“我们为什么不去找首相大人要一点经费呢？”

两个人来到首相府后，助手想也没想直接向首相提出了索要经

费的事情。

为了说服首相，助手干脆拿出了设计图纸，兴致勃勃地讲述了眼下正在进行的实验，还对相关的理论进行了解释。

首相对于物理学的东西向来毫无兴趣，因此没打算将经费用在这些莫名其妙的实验上。

助手说了将近一个小时，首相依然无动于衷，根本没提拨款的事。

这时，法拉第打断助手，微笑着对首相说："我的助手已经说得非常明白了，您知道发明总会给人们带来生活习惯上的改变，一旦人们离不开这些发明，您完全可以用它来征收更多的税。"

首相听完立即来了精神，虽然他仍然没有弄清楚法拉第的发明到底是什么，但是税收关乎他的政绩和国家的发展，所以最后他给法拉第提供了一大笔经费。

法拉第也得以顺利将自己的研究工作进行下去，并最终获得了成功。

为什么助手说了那么多的话，却始终没有打动首相，而法拉第只用简短的几句话就让首相愿意掏出经费呢？

成功学导师卡耐基曾经说过："一个善于操纵语言的人，并不会过度策划自己喜欢的话题，他们更加擅长讨论他人喜欢的话题，更懂得如何让他人对自己的谈话感兴趣。"在卡耐基看来，多数人都喜欢将注意力放在自己的身上，因此谈论的话题会不自觉地围绕着自己，却没有想到沟通是为了拉近与他人的距离，创造更加和谐的关系。而想要做到这一点，就需要将单纯的"信息输出"方式转变成"信息契合"战术。

想要引起他人的关注，一定要准确把握对方的兴趣点和利益点。正如卡耐基所说："我不是什么先知，更不是什么万人迷，我只是比你们更加了解他人最喜欢什么东西而已。"

3 没有为他人留出说话的空间

众所周知，美国原国务卿希拉里是一个女强人，她的政治阅历非常丰富，能力也很强，但是她却经常在演讲中将所有人晾在一旁，自说自话。比如，纽约市的议员格雷先生曾经和她一起登台发表演说，演说开始之后，希拉里竟然一个人霸占了话筒，一口气将自己连同格雷先生要说的话全都说完了。

聪明的人知道自己应该在什么时候说、说些什么、说多少，不会过度表达，不会让他人陷入无话可说的尴尬境地。

美国第16任总统林肯曾经说过：“当我和他人讨论某个话题时，我只会说出其中的30%，另外70%最好让给他人说。”有人曾说：“一个善于交际的人，总是不失时机地将最重要的那些话留给他人说，即便他自己可以非常完美地表达清楚。”

某位脱口秀主持人说过：“没有什么比分享更加重要了，总得留一点儿话让他人说，总得留点儿时间听听他人说了什么。”

如果我们希望与他人更愉快地互动，那么最基本的一条原则就是让他人说出自己想要说的话。

正因为如此，如今很多公司都推行“头脑风暴法”。所谓“头脑风暴法”就是让每一个与会者勇敢地表达自己的想法。对于企业决策者来说，运用“头脑风暴法”可以让更多的人参与到企业决策中来，从而提升员工的工作积极性。

这样的分享姿态在职场中非常重要，某个人即便能够提供很多很好的意见，也要懂得退让一步，不妨像巴菲特那样大度地对他人说："我一直都希望你能够说点什么，那对我们来说可能会非常重要。"

这是一种睿智的表现，也是构建良性沟通机制的关键。

4 在言语中炫耀自己

说话是自我展示的渠道之一。可以说，在向外表达自己、建立自我形象的过程中，多数人都希望通过说话来展现一个完美的自己。因此，我们会不自觉地对自己进行美化，甚至以一种高姿态来展示自己的形象。

比如在日常生活中，我们会洋洋自得地谈论自己的某个优点，或者高调地告诉他人自己取得了某项成功。这种自信的表达方式并非不可取，但我们如果在高调展示自我的道路上越走越远，就会给我们的人际关系带来伤害。

汉朝的开国功臣韩信是难得的军事奇才，领兵打仗的能力非常强，但是他为人高傲，言谈之中常常透露出目中无人的一面，同僚难以与之相处。这一点在他帮助刘邦夺得天下后表现得更加明显。

有一次，刘邦问韩信："你觉得我可以带领多少兵马？"韩信据实直言："最多不过十万。"然后他又问韩信："你自己可以带领多少兵马？"韩信非常自信地说："我当然是多多益善了。"听了这句话，刘邦心里很不舒服。

韩信见刘邦不开心，意识到自己说错了话，立即打了个圆场："大王不会带领士兵，但是善于驾驭将军，这就是我能为大王效力的原因。"刘邦听了，虽转怒为喜，但仍心存芥蒂。

最终，高傲的韩信因为目中无人被刘邦和群臣排斥，刘邦让吕后和萧何设计将其杀死。韩信一生战功赫赫，却输在了骄傲自大的言语上，让人唏嘘不已。

在日常生活中，多数人都觉得越是高调地展示自我，就越能引起他人的关注。从自我展示的角度来说，这的确能在最短时间内让他人关注自己，不过这种关注在很多时候都会带来负面影响。人或多或少都具有嫉妒心，过度高调地展示自己，容易引发他人的不满。

“木秀于林，风必摧之；堆出于岸，流必湍之；行高于人，众必非之。”一棵树如果高于其他树木，容易被风吹折；泥土堆如果高于河岸，必定被水冲刷；一个人如果在言语中处处压制他人，那么也必定会被他人打压和排挤，而且越是自命不凡、言语高调的人越容易成为他人攻击的目标。

曾经有人说过：“这个世界有两种强势的人，一种是站在高处，等着他人来仰视自己的人；一种是处在低位，隐藏实力的人。那些站在高处的人，总有一天会被人拉下来，而身处低位的人却总是能长久地生存下去。”

所以做人不要太过高调，要注意自己的言辞，也不要处处想着如何压人一头。一个真正的强者，是不会在言语上与人比高低的，他们更加注重自身的修养。

瑞典的前首相帕尔梅是一个行事低调的人。虽贵为首相，但他总是把自己融入普通人的生活中，一直都住在一套破旧的公寓楼里，上班也没有代步车。他是一个非常有亲和力的人，总是耐心地听他人说话，并且会谦虚地向他人求教。很多人都认为他是一个平民首相，在一项民意调查中，帕尔梅成为人们最想交流的对象。

其实交流的魅力正在于此，它不该是赤裸裸的炫耀，也不该是对他人的心理压迫，而应该是一种平和的、平等的对话。说话的人需要放下自己的高傲，适当隐藏自己的锋芒，毕竟低调谦和的人才更能够赢得他人的信任和尊重。那么如何才能在说话方面做到更加低调呢？

- 语气平和一些，不要盛气凌人；
- 脚踏实地，不过分吹嘘；
- 不要炫耀自己的才能和优势；
- 不要说一些相互攀比的话；
- 多一些“自黑精神”，自我调侃；
- 不要轻易否定他人的看法；
- 谦卑一些，多向人请教；

……

对于表达者来说，如果能够把握以上几条准则，就可以在交流的时候给对方留下更好的印象，也能确保双方更加愉快地交流下去。

5 习惯性说“我”，而不是“我们”

日常生活中，当你和朋友或者同事在讨论某件事时，说得最多的是“我”还是“我们”呢？也许很多人并未认真思考过这个问题。

国内一家媒体机构曾针对这个话题进行了一次社会调查，他们对创业者、普通白领、演员等调查对象进行了访问，发现这些人在和团队成员谈论一些话题时，更习惯说“我”——“我怎么样”“我该如何去做”，而不是“我们会怎么样”。

比如在提到如何把握创业机遇的时候，很多创业者都会说“我

应该保持耐性”“我应该更加努力”，而很少有人会提到自己的合作伙伴以及客户，他们并不习惯于说“我们”。同样的，在询问白领的工作时，多数人都在谈论“我的工作是什么”以及“我将要怎么做”，而很少有人会说“我们有什么计划”或者“我们是如何解决问题的”。

针对这些问题，这家媒体机构给出了一些忠告：“如果想要让自己在团队中站稳脚跟，赢得团队成员的信任，那么先要学会说‘我们’。”也许在很多人看来，“我们”和“我”之间并没有什么不同，他们在口头表达上习惯以“我”开头，这种表达对自己来说也许没什么，但是对倾听者来说可能意味着谈话的人是一个只注重自我的人。

如果对“我们”和“我”进行分析，我们就能够意识到这两个词在说话时产生的不同效果。“我们”体现的是一种共同奋斗、共同分享的团队意识，经常说“我们”的人会给人一种以团队利益为重的感觉，因此更容易赢得他人的尊重和信任。

“我”的说法则过于关注谈话者本人。在一些私人事务上，我们可以多说“我”，但是在和团队利益相关的话题上，过度展示“我”的概念就会人为地将自己和团队其他成员区别开来。

心理学家认为，那些喜欢说“我”的人，往往会在生活和工作中表现得自私自利，缺乏对集体利益的思考。另外，他们不习惯与人分享，不适合共事。这些特点导致了他们常常被孤立在社交圈之外。

某位老板说“在管理方面，我会做得更多、更好”，这句话显然没有“在管理方面，我们将会做得更多、更好”有力量，也没有后者听起来更加让人舒服。毕竟，管理效果是所有管理人员以及被管理者共同努力的结果，如果仅仅将其定义为“我”自己的工作，就会破坏整个团队的凝聚力。

正因为如此，我们在谈论和团队相关的话题时，应注意从大局出发，不要将“我”经常挂在嘴边，尽量多说“我们”，以免忽略其他团队成员的付出。

在处理对外事务时，说话者代表的是整个公司或者团队的意愿，因此在表达某些观点时，一定要从“我们”的角度出发来进行阐述。谈话者应该这样告诉对方：“我们一直都想与贵公司合作”“这就是我们的观点和立场”。

如果是针对内部工作的交流，说话者一定要注意将集体的目标与利益放在最重要的位置上，然后才是个人的目标和利益。因此，在交谈中一定要多以“我们”开头，这样才会让其他成员觉得你非常看重他们。对于管理者来说，“让我们一起努力”“我们会做得很好”都是鼓舞人心、增强士气的表达方式。

任何一个谈话者一旦处于团队之中，就要懂得以“我们”来作为交流的主语，以此来定位彼此之间的关系。

6 谈话缺乏明确的主题

有一次，石油大亨洛克菲勒的表哥找到了他，希望他给自己的儿子杰克安排一份工作。杰克学的是文秘专业，基本符合公司的用人标准。洛克菲勒安排杰克进入公司，先从自己的小助理做起。

杰克的工作态度还算不错，只不过有些沉默寡言。每次聊点什么时，杰克总是显得很紧张，而且说话没有重点，让人听得云里雾里。正因为如此，洛克菲勒最终还是辞退了他。

表哥得知自己的儿子被辞退，立马来找洛克菲勒兴师问罪：“我觉得咱们应该好好谈谈。”洛克菲勒笑着说：“好的，我还记得咱们小时候一起去河里抓过鱼。”表哥有些不耐烦地说：“我说的不是这件事。”洛克菲勒不理会他，一会儿说到小时候的事，一会儿又谈到午饭的问题，一会儿又说自己最近颈椎不太舒服。

这些东拉西扯的话让表哥非常恼火，表哥直接拍着桌子大喊：“你难道不想和我认真聊聊正事吗？”洛克菲勒站起来无奈地说：“现在你该知道了吧，你儿子就是这样和我说话的。”

这时，洛克菲勒的表哥才明白过来，最终悻悻离开。

在生活中，常常有人犯杰克这样的错误，他们说话没有明确的主题，总是想到什么说什么，让倾听者感到混乱。出现这样的局面，最主要的原因在于有些人认为沟通就是和他人闲聊。然而，闲聊也不能完全是“散”的。当我们与人交谈时，谈话的内容要具备一定的针对性，双方针对某一个话题进行交流，才能沟通顺畅。

对于沟通双方来说，保持话题的针对性往往是讨论、分析以及解决相关问题的基础，如果连明确的主题也没有，那么双方的谈话重点无从说起，沟通也会变成无头苍蝇式的闲话家常。

在沟通之前，谈话者需要明确几个要点：准备说些什么，对谁说，在什么时候说，在哪里说，怎么说。

当沟通双方进行交谈的时候，可能不可避免地牵扯到其他话题，但是为了确保沟通的顺畅进行，为了确保沟通过程中不会出现注意力分散、目标模糊、主题不明确等问题，谈话者需要明确谈话的重心。也就是说，要在各个话题当中找到最重要的话题，增加谈论该话题的内容、时间，要确保其他话题都是围绕着最重要的话题来谈论的，这样就有效把握住了谈话的重心。

比如在会议上，大家经常会针对各种各样的问题进行讨论，但领导不会把所有问题挨个说一遍，而是重点抓住一个或者两个最重要的问题进行探讨和分析，并将其作为整个会议的重点内容。他们会反复强调："公司面临的问题很多，但是这个问题才是重中之重。"

在沟通中，哪怕是最简单、最细微的一件事，也有内核和中心，只要我们将这些事情的中心说清楚，信息的传达与交流就会变得更有价值。

比如，在与上级谈论任务落实不到位的情况下，千万不要泛泛地谈论执行情况，不要将问题流于表面，一定要明确这个话题的核心——执行力不足。只有把握住了这个核心问题，整个谈话才能更具有针对性，沟通也会产生更大的价值。

总而言之，为了明确说话的主题，谈话者必须对自己的谈话内容进行主次划分，将那些最重要的内容提取出来，并且在谈话中进行强调。只有突出那些最想要说的话，他人才会从中接收到最重要的信息。

第二章

如何说，人们才会信任你

1. 与朋友交往，贵在真诚
2. 主动找话题，拉近彼此之间的距离
3. 保持亲和力是接近他人的基础
4. 把认真倾听当成一种习惯
5. 用礼貌用词来武装自己的话
6. 同情心是拉近关系的必备要素

1 与朋友交往，贵在真诚

在与人交流的过程中，大多数人可以通过一些技巧性的表达，在表面上与他人维持比较好的交流氛围，但过度依赖技巧有时候并不合适。其实，在与人交流的过程中，有一个最重要的品质必须把握住，那就是“真诚”。

对于多数人而言，相比于客套话，他们更希望与自己交流的人能够说出真诚的话。

俄罗斯的叶卡捷琳娜女皇曾经问在俄法战争中立下赫赫战功的库图佐夫将军，为什么他能够在上流社会如此受欢迎。库图佐夫将军在写给叶卡捷琳娜女皇的回信中非常自豪地说道："您问我靠什么魅力凝聚着社交界的朋友，我的回答是'真实''真情''真诚'。"

著名演说家李燕杰说过："在演说和一切艺术活动中，唯有真诚，才能使人怒；唯有真诚，才能使人怜；唯有真诚，才能使人信服。"

北宋词人晏殊是一位神童，年纪很小的时候就已经名扬天下，十四岁就得以参加殿试。宋真宗为了试探他的才学，于是决定给他出一道难度很大的考题，结果考题出来之后，晏殊对宋真宗坦承，自己在十天前就做过这样的题目。宋真宗听了非常感动，认为晏殊非常诚实，于是当场赐予他进士出身。

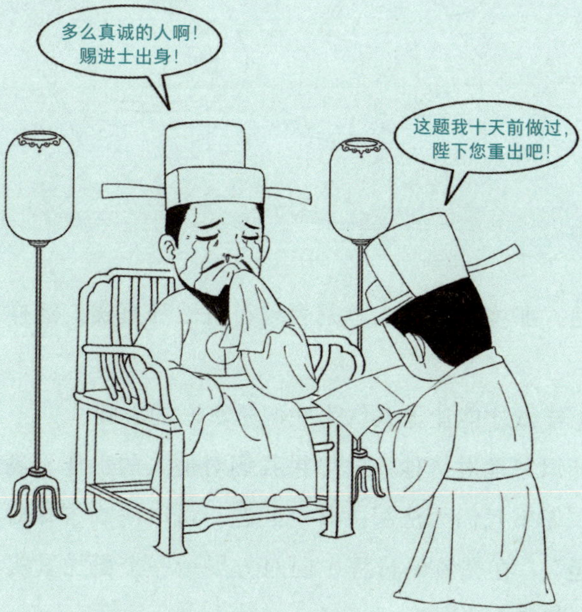

经过一段时间的考察，宋真宗又决定让晏殊辅佐太子。这让很多朝廷官员感到不满，他们认为晏殊资历尚浅，不足以担此重任。但是宋真宗却说："近来，群臣经常出门游玩宴饮，唯有晏殊与弟兄们每日读书写文章，如此自重、谨慎，难道不是最合适的人选吗？"群臣哑口无言，晏殊在谢过宋真宗后，坦然说出了心里话："其实我也是一个喜欢游玩的人，只是因为家里贫穷没有游玩的条件，如果我有钱，也会出去游玩。"宋真宗听了哈哈大笑，更加欣赏晏殊的真诚，于是更加信任他。

很显然，那些真诚的人总是表现得自然和真实，这样的人最容易让人放下戒备。

那么怎样做才能让他人认为我们是真诚的人呢？

尽可能坦率地对待他人。如果我们对他人的工作不满意，可以直接将想法提出来；如果我们无法解决某个问题，可以明确告知对方"我在这一方面还存在不足"。在交流的过程中向对方展示一个更加真实的自我，会让我们赢得更多的信任。

除了坦率之外，尽可能承诺自己能够做到且愿意去做的事情，也是展现真诚的一种方式，简单来说就是要做到言行合一。言行合一的关键就在于践行诺言。如果我们答应了他人，就要努力做到；如果我们提出了某个主张，就要按照这个主张执行下去。

林肯曾在一次辩论中说出了这样一句名言："你可能暂时欺骗所有的人，也可能永远欺骗某些人，但是你不可能永远欺骗所有的人。"言行不一的人，往往会让其他人产生防备心，从而失去其他人的信任。

除了坦率和言行合一之外，我们还需要在说话的语气和态度上进行调整。那些说话自然，语气舒缓的人往往更让人感到舒服，这种状态下他们所说出来的话也更容易让人信服。比如英国首相丘吉尔就赞赏美国总统罗斯福是一个真诚的人，因为在双方进行会晤的时候，他发现罗斯福说话很温和，而且态度认真诚恳，表达也很自然。

对于那些想要表现得更加真诚的人而言，一定要确保自己在说话和表达的时候能够兼顾以上的原则，这是我们确保话语有说服力的关键。

2 主动找话题，拉近彼此之间的距离

某位化妆品销售员曾在2023年创造了每天卖出17套化妆品的纪录，很多同事对此感到惊讶，为什么他可以拥有如此高的销售业绩，这么高的销售业绩背后又有什么样的秘诀呢？

对此该销售员笑着回应说："我并没有什么特别的秘诀，也没有

什么资源方面的优势，如果非要说有什么秘诀，秘诀就是我总是想办法主动与那些陌生的顾客攀谈。”

该销售员曾经多次在街上向路人推销自己的化妆品，很多推销员都会直接询问路人是否需要化妆品，或者直接介绍自己的产品。但他从来不会。

他每一次准备和路人攀谈的时候，一定先主动找一个话题，比如，“先生，看起来您是要准备去外地啊，最近几天可能要下雨，您最好带把伞”“听说这边的地铁要改线路了，不知道是不是真的”“您的孩子看起来可真漂亮呢，她也在附近上学吗”……

无论遇到什么人，该销售员总能够巧妙地找到合适的话题来交谈，而且他非常善于通过观察他人的穿着、谈吐和神色，猜测对方的职业、性格以及心理状态。

主动找话题帮助他更好地接近那些陌生人，并为接下来的推销行动奠定基础。当双方交流一段时间之后，很多人对他产生了信任，便当场买下他的化妆品或者留下联系方式，方便日后购买。正因为如此，该销售员才成为了化妆品领域的“销售之神”。

现代营销行为的一个基本原则就是保持主动性，这其实也是交际学中的一个基本原则。很多人总是期待着他人先同自己说话。但事实上，他人也是这么想的，这就导致了双方的共同沉默。就像一群互不认识的人一起坐车，如果大家都不准备开口说话，整个旅途就会特别安静。

心理学家认为这是一种正常的交际心理，毕竟每一个人都会对陌生的环境产生防备心理。想要破解这种困局，最简单的做法就是主动与人交流。

主动交流并不是简单的主动开口说话，对于挑起的话题有特定的要求。简单来说，我们需要掌握一些主动沟通的技巧。

怎样才能更好地和对方说上话，并且成功引起对方说话的兴趣呢？

1. 主动提问

有一个最直接的办法就是提问。心理学家发现，人们对于问题的关注度要比对正常的陈述更高一些。也就是说，当他人陈述一件事情的时候，我们可能会表现得无动于衷，但是一旦这个话题以提问的方式出现，我们会本能

地想要进行解答。

比如我们向某个朋友讲述自己多么喜欢吃西瓜，并且昨天在某家水果店一次性购买了 5 个西瓜的事情时，对方可能根本无心倾听，但如果我们采用提问的方式进行交流：“你吃过那家店的西瓜吗？味道真不错。”后者效果会更好。

很明显，相比于自说自话的陈述，直接对他人提问往往更容易引起他人的注意。因此，我们在日常交流的时候，可以运用这种沟通技巧。

2. 寻找共性

当你想要和对方聊天，但是又不知道该说些什么的时候，就可以从某件大家都关心的事情聊起，也就是寻找共性。比如，你在路上遇到了一个不经常交流的同事，为了避免尴尬，你可以寻找一些与工作相关的话题。可以试探性地说一句：“昨天公司开会了，不知道老板说了什么。”

如果对方参加了会议，这个时候他就会礼貌性地说出开会的内容；如果

对方没有参加会议但可能会对会议内容感兴趣，这个时候就会和说话的人讨论、分析会议的相关内容。

3. 积极迎合

主动寻找话题时，为了确保对方对自己提起的话题感兴趣，我们必须考虑到对方的兴趣爱好或者职业，也就是要积极迎合对方的喜好。

当我们看到他人抱着一本书出现在电梯里的时候，可以礼貌性地说一句："你怀里的这本书我也看过，非常不错。"当我们看到对方穿着银行的工作服时，可以主动聊一些银行方面的事情，比如主动提问："最近银行的利息是不是下降了？""银行最近有什么新的理财产品？"

无论是哪一种方法，为了确保达到更好的交流效果，我们在主动说话的时候，需要尽量找一些比较轻松的话题，并且在交谈的时候表现得自然一些。

3 保持亲和力是接近他人的基础

如果让我们做出选择，是选择和一个面慈心善、有亲和力的人交往，还是选择和一个表情严肃、面带威严的人交流？

相信绝大多数人都会选择前者，亲和力是拉近人际关系的一个重要保障。那些脾气很好、待人亲和的人，总是更容易受到他人的欢迎；而那些严肃、给人以强大压迫感的人在处理人际关系方面可能会显得过于僵硬和刻板。

提起苹果公司，很多人首先想到的是乔布斯，乔布斯就是苹果公司的代言人，不过一个不可忽视的事实是：很多苹果员工并不喜欢这位代言人。原因很简单，乔布斯的脾气不好，动不动就向员工发火。

在和员工谈话的过程中，乔布斯基本上不会有太多的好脸色，向来追求完美的他几乎就是员工眼里的恶魔。曾经负责设计手机的工程师戴维说过一件事，有一次，他和乔布斯探讨设计方案，自己一连给出三种设计方案都被乔布斯否定了，乔布斯还非常不客气地说："戴维，别告诉我你这几个月就弄出了这么一些破烂！"戴维几乎被吓瘫。

相比于乔布斯，苹果公司的员工更加喜欢现任总裁库克。很多接触过库克的人都知道，库克在与人交谈的时候总是习惯性地保持微笑，说话非常和气，根本没有什么架子，很少发脾气。在处理内部关系方面，库克的确要比乔布斯高明得多。

亲和力虽然重要，但亲和并不是毫无原则的妥协。要想保持亲和力，我们需要在谈话的过程中注意一些细节。

1. 语气尽量温和

对任何人而言，温和的话语代表了更多的尊重以及更大的沟通空间。语气温和的人往往给人一种容易亲近、友爱和仁慈的感觉。

2. 主动关怀他人

主动说一些关怀他人的话，往往可以给人带去温暖的感觉。比如当他人心情不好的时候，主动询问对方“是不是遇到了什么烦心事”。

3. 尽量包容他人

对于那些不小心伤害自己的人，如果我们能够说一声“没关系”；对于那些意见与立场与我们不同的人，如果我们能够说一句“你们说得也很棒”，相信一定能够在他人心中树立很好的形象。很显然，多数人都喜欢那些胸怀宽广、具有包容心的人。

4. 保持言语上的低调

一个亲和的人绝对不会说“这件事只有我才能搞定”“我才是你们最需要的人”。当他决定表达自己的观点时，一定会慎重和低调，“我觉得你们做得非常好”“我希望有机会可以向你们请教一下”。越是保持言语上的低调，越容易让人觉得亲切感十足。

4 把认真倾听当成一种习惯

1998年，哈佛大学的布莱恩教授随机对700多名路人进行了采访，与他们就日常生活方面的事情进行交流，结果发现大约有680名路人表现出了强烈的表达欲望，有一部分人甚至喜欢在布莱恩说话时插话，只有不到20名路人愿意认认真真地听他把所有的话说完。

2003年，布莱恩又对采访类节目、选秀类节目中的选手进行观察，发现多数人都具有自我展示的倾向，他们往往陷入“谁比谁更

能说，谁比谁说得更多”的怪圈之中。布莱恩发现这些选手几乎都不了解他人说了些什么，就开始予以激烈的反驳，或者说在他人话还没有说完之前就急不可耐地想要说出自己的话了。

2005年，布莱恩在哈佛大学的话语课题研究中提出了“倾听行为日渐衰亡”的观点。他认为在过去的几百年时间里，美国人一直都在寻求一种表达与倾听的平衡，很多人都愿意花时间听一听他人说了什么，但现在这种沟通艺术逐渐丧失，大家开始缺乏这样的耐心。

布莱恩教授的观点很有启发性，实际上无论是日常交流，还是工作中的必要沟通，我们都容易失去最基本的沟通准则——倾听。从另一方面来说，在日益追求自我表达的今天，我们常常会陷入话语权争夺的恐慌中。我们每一个人都太想要表达自我，以至于忽略了一点：他人同样需要表达。而当大家都抢着说话时，无人倾听就成为一个最大的问题。

有人曾经将这种情况形容为“语言营销”，就像是商家推销自己的产品一样，他们通常专注于各种宣传，却往往忽略了倾听顾客内心真实的想法和需求。习惯采取“语言营销”方式交流的人往往无法和他人建立起真正愉快的交流。因为当你不屑于听他人的观点时，他人往往也不想听你说话。

事实上，倾听更多时候是我们拓展交际圈，或者赢得他人好感的一个重要方式。至少从沟通的角度来说，这是一种赢得他人信任和尊重的常用技巧，尽管多数人容易忽视这一点，但是它在人际互动中所扮演的角色以及发挥的作用不可小觑。

20世纪90年代，我的朋友小李拜见皮尔卡丹的中国市场负责人之一诺兰先生，准备和对方商谈合作事宜。但是那一天，诺兰先生并没有将他带去办公室，而是去了一家餐厅。

尽管诺兰先生非常健谈，但是那一天关于合作上的事情他几乎什么也没说，一直都在谈论自己对北京的看法，小李虽然心急如焚，但一直保持着耐心，认真听着诺兰先生的讲述。

双方聊了三个小时之后才起身，小李看到一整个下午都没什么收获，不免有些失落。然而，就在他准备离开时，诺兰先生突然拉住了他的手说："先生，我想接下来我们可以花几分钟时间聊一聊合作的事情。"

小李惊喜又疑惑地看着对方，诺兰先生则微笑着解释说："你是我这个月见到的第十一位潜在合作者，但却是唯一一个愿意听我讲一下午废话的人。"最终，小李所在的公司获得了与皮尔卡丹公司合作的机会。

很多时候，我们都忽略了倾听的作用。在日常的交流过程中，我们掌握的信息多半都是倾听来的，倾听是扩充个人信息库的一个重要方式。

美国的某家公司是一家发展速度很快的服装公司，仅仅成立4年时间，年营业额就已经突破了2亿美元，而这一切源于公司给所有的职员提出了这样一条奇怪的要求：

听一听顾客们说了什么，然后听一听他们想要说些什么，最后听一听他们究竟还能说出一些什么。

按照公司的规定，员工在与顾客接触的时候要尽可能地少说话，多听听顾客们的意见和建议，弄清楚他们的真实需求，最后将这些信息反馈给公司。可以说，正是因为善于倾听，该公司顺利掌握了消费者的心理和需求，赢得了消费者的信任和欢迎，最终提升了产品知名度。

无论是在工作中，还是在生活中，倾听的方式会让我们赢得更多的信任，而这恰恰是双方建立稳定关系的一个良好开端。

5 用礼貌用词来武装自己的话

在生活和工作中，我们都会遇到一些说话很不讲究的人。这些人可能本性并不坏，但常因为说话过程中表现得不够礼貌而遭人嫌弃。

在日常交流的过程中，虽然人际关系并不完全是通过礼貌性地交流建立起来的，但为人有礼貌还是有助于促进人际关系的稳固和发展的。那么在日常生活和工作中，我们该如何让自己的谈话变得更有礼貌呢？

第一，不要忘了使用尊称。那些讨人喜欢且彬彬有礼的人，往往会非常殷勤地用尊称来和他人打招呼。比如很多人在见面打招呼的时候，会直接说：“喂，好久不见了。”而有礼貌的人会说：“李叔叔，好久不见了。”

同样的，当他人有事请教的时候，有的人会直接问：“你有什么事吗？”

而有礼貌的人会这样问："是张阿姨啊，您有什么事吗？"虽然说话的内容是一样的，但是加上尊称之后，他人会觉得你更加亲切、有教养，这样一来就更容易受到欢迎。

福特公司曾经是美国最大的汽车制造公司，但即便这样，创始人福特依然非常低调亲和，非常尊敬公司里的老员工。其中有位老员工叫皮诺尔，福特每次见到对方都会尊称对方为"皮诺尔叔叔"，这让对方感到十分欣慰。

福特对待其他人同样如此。因此，大家都愿意和他交流，也都愿意为他工作。就这样，福特公司成为员工关系最融洽的汽车公司，员工的跳槽率在整个行业内几乎是最低的。最终，福特公司成为当时世界上最大的汽车制造公司。

美国作家爱默生说过："看看他人是如何称呼你的，你便能够知道对方是怎样一个人，以及他的道德修养水平。"所以，我们要想给对方留下好印象，就不要忘了以尊称称呼。

第二，记得说"你好"。"你好"可能是在人际交往中使用率最高的一句话，对于那些善于交际的人来说，他们常常会借助这句话来建立社交关系。

被称为“汽车销售之神”的乔·吉拉德从 1963 年至 1978 年总共推销出 13001 辆雪佛兰汽车，并且连续 12 年荣登吉尼斯世界纪录大全世界销售第一的宝座。他曾保持连续 12 年平均每天销售 6 辆车的惊人纪录，至今无人能破。

乔·吉拉德为什么能够获得如此大的成功呢？原因就在于他是一个处理人际关系的高手，非常善于和那些陌生的客户交谈。比如，在每一次与人见面的时候，他总是率先开口打招呼，说一声“你好”；在打电话的时候，他同样会先说一句“你好”。

这样的交流方式往往可以有效降低他人的防备心理，而且也更容易为双方进一步的交流打好基础。

第三，多说“谢谢”。在人际交往的过程中，我们有时会得到他人的一些帮助，这时可以客客气气地对其他人说一声“谢谢”。

说一声“谢谢”体现出了一个人最基本的涵养，往往可以进一步拉近和他人的关系。很多人觉得他人帮助自己是理所应当的，因此常常会忽略这两个字。一旦他人意识到自己的善意得不到回应，下一次可能就不会再主动帮忙了，而我们也会因为自己的傲慢和失礼行为遭到他人的孤立。

第四，犯错的时候说一声“对不起”。在所有的沟通话语中，我们通常会觉得说声“对不起”是最困难的，毕竟在大家的惯性思维中，谁也不愿意承认错误，即便我们意识到了自己的过错，也会选择沉默。

某位心理学从业者曾经做过一个实验，她在实验中刻意制造了一些意外小冲突，包括撞到他人，打翻花瓶，不小心将水泼到他人身上，等等。在接受实验的400个人当中，大约只有30%的犯错者会主动向他人说“对不起”。

该心理学从业者认为这种不好的现象可能与我们从小接受的教育有关。比如在孩提时代，我们犯错后，因为害怕遭到父母的打骂而选择三缄其口，甚至拒绝承认自己犯了错，更别说主动道歉了。这种自我保护的方式可能会影响到日后的为人处世方式。其实说一声“对不起”不仅表示我们有勇气面对自己的错误，也会给他人主动承认错误的印象，有助于犯错者树立更加正面的形象。

如果说一个人的礼貌体现在细节表现上，那么将这些看上去微不足道的礼貌用词用在谈话中就是体现细节的最好方法。它们能够体现出一个人的修养和境界，只要运用得当，它们会成为自我展示、自我包装的重要途径。

6 同情心是拉近关系的必备要素

在佛教典籍中，有个叫阿那律的人喜欢研究佛学，不过因为长年看书，他的眼睛竟然瞎了。佛陀非常同情他的遭遇，并劝慰他，甚至亲自为他穿线缝衣。阿那律大受感动，并询问原因，佛陀淡淡地说："同情世人本就是我的责任。"阿那律从此更视佛陀为善主，于是潜心修佛。

卡耐基曾经说过："每一个心怀同情的人都值得他人的尊重，明天你所要遇见的人，有四分之三渴望被同情，给他们同情，他们就会喜欢你。如果你拥有某种权力，那不算什么；如果你拥有一颗同情心，那你就能获得许多权力也无法换得的人心。"

每个人都有陷入困境的时候，在这个时候，人心是最需要他人安慰的。给予他人同情，在言语上对受伤者的遭遇感同身受。这样做虽然不一定会使受伤者的境况变得更好，但是能为对方送去温暖和力量。

如果我们能够给予那些受到伤害的人一些言语上的支持，有助于双方建立起良好的社交关系。那么该如何表达自己对不幸者的同情呢？又该如何让不幸者感受到安慰呢？

首先，我们要懂得倾听，倾听受伤者的倾诉。倾听往往是表达同情心的第一步，也是最重要的一步。

米开朗琪罗早年学画，但是作品一直不受人喜爱，而且画法上也迟迟难以取得突破。很多人都讥讽他只是一个浪费笔墨的低级画师，为此他非常苦恼。

那个时候，他只能每天去街口找人倾诉，结果只有坐在街口摆摊的哑巴愿意听他诉苦。对方虽然不会说话，但是每次都非常认真地听米开朗琪罗把话说完，之后用手拍拍他的肩膀。

后来，米开朗琪罗经过不懈的努力，在绘画、雕塑领域都大获成功，并成为文艺复兴时期最伟大的艺术家之一。但他没有忘记当年同情自己的哑巴朋友，这段真挚的友谊一直维持到双方去世。

其次，主动关心对方，并站在对方的立场上说话。通过倾听，我们已经了解了对方心中的痛楚，接下来可以通过以下几种方法进行开导：鸣不平、主动安慰、表达帮助的意愿。

鸣不平，就是站在对方的立场上说话，尽可能维护对方的利益，比如当对方遭到不公平对待的时候，可以这样向对方表态：“我非常同情你的遭遇，他们怎么能够这么做呢？”或者将心比心地说：“我也遭受过同样的待遇，所以我非常理解你的愤怒和痛苦。”

主动安慰，就是指针对对方遭受到的不幸，进行一些言语上的安慰和劝告，以及抚平那些伤害造成的痛苦。

美国有位富豪曾在2008年的金融风暴中损失了45亿美元，这样的损失几乎让他倾家荡产，他也因此生病住院。

当时周围的人都对他避而远之，只有公司的一个小职员每周定期来医院看他，并安慰他："我知道那是一种非常糟糕的感受，但我还是希望您能够尽快好起来，您的事业一定会重回巅峰的。"

后来，这位富豪重新崛起，并再次进入美国富豪的行列时，他邀请那个职员担任自己的私人助理，并且给予了丰厚的报酬。

表达帮助的愿望，就是一种积极的表态，尽管我们并非总是有能力去帮助那些需要帮助的人，但是在恰当的时机，表达愿意提供帮助的想法能够让人感到温暖。

最后，保持一颗真心。无论是倾听，还是表达自己的安慰，最重要的是要保持一颗真心。毕竟，同情是一种爱的表现，而这种爱必须是最真实的感情流露。倾听他人心声，抚慰他人痛苦本质上是一种心灵的互动，它不该是旁观者用来展示自己优越感的手段，也不该是用来赚取利益的工具。

总之，如果我们想要表达自己的同情心，就需要切身感受他人的痛楚，并给予必要的安慰和帮助，这一切是因为爱，而不是出于利益交换的目的。

第三章

这样说，人人都爱听

1. 幽默的话语往往更具魅力
2. 多一点赞美，少一点批评
3. 必须批评时，先做好自我批评
4. 把拒绝说得更加委婉一些
5. 注意采用抑扬顿挫的声调
6. 说话也要懂得八面玲珑

1 幽默的话语往往更具魅力

在日常交流中，我们往往要兼顾信息表达和自我表现两个方面。其中，自我表现占据的比重更大。

在进行自我表达的过程中，最重要的一点就是吸引他人的关注，那么，什么样的表达技巧更容易引起他人的关注呢？那就是幽默。

幽默往往能够展现出一个人的交际能力。幽默的人善于营造交流的氛围，而且能够以更加轻松自然的方式向他人传输自己的观点。他们懂得怎样做能抓住他人的眼球，懂得在什么时候活跃气氛。

不过幽默并非是单纯地讲笑话，而是一种高明的沟通方式。幽默让发言者看起来气场十足，自信满满，想要让自己成为幽默的人，说话者可以使用一些简单的语言技巧。

1．恰到好处的自嘲

对于那些善于利用幽默的言谈来活跃气氛的人来说，开自己的玩笑是一个常用的方法。

他们往往会对自己的职业、长相、性格、穿着打扮，或者个人面临的困境进行自黑式处理，以自嘲的方式来凸显自己的某些特点。

某位著名企业家曾经在世界经济论坛上与众人分享自己早年的学习经历，其间提到了自己曾两次被高中拒绝，三次未能考上大学的不光彩经历。当他人问他接二连三被拒绝对人生产生了什么影响时，企业家故作严肃地说："影响就是我习惯了被拒绝。"

这句话一语道出了创业过程中的艰辛。而这样的"自黑精神"让人见识到了这位企业家的魅力。

很显然，善于自嘲的人往往显得谦和有礼，更容易拉近和他人的关系。

2．夸张的肢体语言

幽默并不是只能通过言语表达，我们可以在说话的同时，加上一些夸张的动作来增强幽默感。

“股神”巴菲特有一次去参加电视节目，主持人曾担心巴菲特过于严肃而影响录制效果，但出乎意料的是，巴菲特在节目录制中非常懂得配合主持人营造轻松幽默的氛围，不仅一改往日学院派的谈话风格，还不时做出一些喜剧演员才会做的动作。比如当主持人问他面对较大的投资亏损怎么办，巴菲特露出了一个非常惊恐的表情，还用双手紧紧压住心脏，夸张的表情和动作惹得台下的观众捧腹大笑。

事实上，相比于语言表达，夸张的肢体语言会使表达更加充分、立体和深入人心，而且更容易让人印象深刻。

3．适当地进行曲解

有时候，我们还可以采用对某一件事进行“曲解”的方式达到一定的“笑果”。

有一位老板曾经在会议上大声斥责办错事的下属，并且扬言再也不想和对方见面了。第二天老板又叫这位下属到办公室里做汇报，可是下属进入办公室之后，一直背对着老板说话。老板见了有些生气地说："我让你来做汇报，你为什么总是背对着我？"

这时候下属非常委屈地说："是这样的，昨天您不是说再也不想和我见面了吗？没有办法，只能请您见见我的屁股了。"老板听了这样的解释之后，扑哧一下笑出声来，不再追究昨天的事情。

4. 积极乐观的态度

对于幽默的人来说，他的内心往往是积极乐观的，总是会表达一些相对正面的想法，遇到困难也会想办法将各种不利的因素转化成有利的。有时候他也会沮丧，但不会一直把烦心的事情放在心上。这源于他有一颗强大的心脏。

俄罗斯的富豪摩尔拉夫·基里连科曾经在投资中亏到倾家荡产，当时很多人为此感到难过，他们担心基里连科会想不开，但是他却非常淡定地开玩笑说："这没有什么，就像我妈妈曾经抱怨过的一样：‘我们什么时候可以像过去一样生活。’她的确是一个非常怀旧的人。好吧，我现在已经做到了这一点。”

这样的心态让人钦佩。后来，基里连科很快抓住了发展的机遇，东山再起。

对于多数人来说，无论是哪一种技巧，只要能够让谈话变得趣味十足、笑声不断，往往便可以营造良好的聊天氛围。

2 多一点赞美，少一点批评

在日常生活中，我们常常对一些犯错的人提出批评。我们会习惯性地对犯错者施加压力，对一些自己无法接受的事情提出质疑。

但实际上，批评在多数时候都不是一个更好的处理问题的方法。相反，赞美可能是一种更好的表达方式。

成功学导师拿破仑·希尔早年丧母，由父亲一手带大。由于父亲工作很忙，拿破仑·希尔缺乏管教，因此变得非常调皮，经常在学校和家里搞一些恶作剧。父亲是一个非常严厉的人，经常批评他，甚至对他说："你注定什么也干不成。"父亲的打击让他更加破罐子破摔，渐渐地连兄弟姐妹和邻居也对他表现出了鄙夷的神色，大家都不喜欢这个不学无术的孩子。

后来，拿破仑·希尔的父亲再婚，将他继母带回家和他们见面。在向继母介绍拿破仑时，父亲说："这就是拿破仑，是希尔兄弟中最坏的一个。"

正当拿破仑以为继母会和其他人一样露出那种厌恶的表情时，对方却微笑着将双手放在他的双肩上，然后非常柔和地说道："这是最坏的孩子吗？完全不是。他恰恰是这些孩子中最伶俐的一个。"

这样的赞美是拿破仑从未听到过的，他有些不敢相信自己的耳朵，在心里也慢慢对这位继母产生了好感。

在之后的日子里，继母没少关心拿破仑，并且经常给予他赞美。这让拿破仑信心倍增，并且下定决心要好好学习，改正恶习，最终他在继母的教导下成为世界级的名人。

很显然，相比于批评，赞美更容易被人接受，而且也更容易活跃交流的气氛。所以在与人交流的过程中，我们应该主动挖掘他人的优点。

既然赞美如此重要，那么我们该如何去赞美他人呢？

1. 善于发现

真正会说话并且把话说到他人心坎里，建立在了解他人的基础上。比如对于很多家长来说，他们经常觉得孩子不听话、学习成绩不好，因此在管教的时候，不可避免地责骂孩子。

但是聪明的父母不会抓着孩子的缺点不放，而是会主动去挖掘孩子身上的优点。比如，孩子虽然学习不好，但也许在音乐上面很有天赋；孩子虽然学习调皮，但可能动手能力很强……

有人说过："一个真正高贵的人，善于发现他人身上的优点，哪怕只是一点点。"还有句话："哪怕是一个最坏的人，他的身上也总会有一两个闪光的点值得夸赞。"

所以当有人被数落"这不行""那个不会""一无是处"的时候，我们不妨这样鼓励对方"这项工作你完成得太棒了""你比我想象的要更加出色"。

2．善于转化

没有人是完美的，每个人或多或少都有缺点，但是有缺点并不意味着就要挨批评。实际上没有多少人喜欢听到批评声，所以，如果有必要的话，我们可以对他人的缺点进行转化。

比如，对于调皮的孩子，我们可以夸赞他们足够聪明；对于那些行事比较冲动的人，我们可以适当赞美他们的个性；对于那些经常失败的人，我们可以称赞他们懂得坚持。

3. 适当客套

当我们对初次见面的人不够了解的时候，可能就需要借助客套话来进行赞美。客套话虽然不完全是真话，但是却能释放出友好的信号。

比如，初次和某个重要人物见面，我们可以这样说：“我早就听说您的大名了，也早就想来拜访您了。”这些赞美对方的话会让对方觉得很舒服。

虽然赞美很有必要，但也不是无底线的，说话的人需要明确一些基本的原则，比如赞美要言之有物，不能空洞地表示“你很棒”，而应具体指出对方的优点；赞美也不能完全偏离实际情况，而要大致符合事实。一个人如果连最基本的小事也做不好，我们还要夸赞他动手能力强，这就有些虚伪了。

除此之外，赞美还需要把握时机，比如老板正在批评某员工，这个时候就不方便对那个员工进行赞美了。

3 必须批评时，先做好自我批评

很多人在批评犯错者时，往往会将自己摆在纠错者的位置，拿出一种高高在上的姿态，说话完全不考虑对方的感受。

这种方式往往会让很多犯错者的内心产生抗拒，即便他们表面上听取了意见，但是内心深处可能并不认为自己是错的，甚至引起对方过激的反应，造成双方的对立冲突，不利于解决问题。

那么，怎样进行批评才能确保犯错者心甘情愿地接受批评者的意见和建议呢？

明朝政治家于谦是历史上有名的大清官，他一生为官清廉，还要求自己的家人要知法守法。有一回他的一个表亲与一个酒肆的老板发生了激烈的冲突，还动手打伤了对方。

事情很快闹到于谦的府衙里，于谦亲自审理这个案件，并得知自己的表亲是因为揭穿酒肆老板勾兑假酒的恶行才与对方发生肢体冲突。

案情明了后，于谦当着原告、被告以及诸多围观的百姓的面，说了这样一番话："今天之所以会发生这件打人的事，主要责任在我，首先，因为我没能管好亲戚，以至于我的亲戚仗着官势打人，这是我犯下的第一条罪状。其次，这里是我管辖的地方，身为地方官，却没能阻止不法经营的出现，这显然是我管治无方，这是我的第二条罪状。”

接着他向在场所有的人道歉，并主动要求将朝廷所发的半年俸禄全部捐给围观的百姓。等做好自我批评并处理完自己的“罪行”之后，他才回到堂上审理打人案件。当天，他依照大明律例对自己的表亲和老板分别做出惩罚，而两人见到于谦竟然因为这件事批评和处罚了自己，心里非常愧疚，于是纷纷表示服从审判结果，并且当庭和解。

于谦这种在批评他人之前先做好自我批评的方法，往往能够达到有效沟通的目的。有一位哲学家说过：“在受众眼中，我们的任何一次批评，都注定会有失公允。”在受到批评的人看来，我们在批评的时候往往会加入自己的主观情绪。

正因为如此，想要借助批评来说服和教育他人，往往会遭到对方的反抗和抵触，而批评者先进行自我批评则可以适当地减轻犯错者的戒备和抵触情绪，引导对方主动、积极的意识到自身的错误，并最终改正这些错误。

不过，自我批评并不是一种作秀，批评者不能为了引导犯错者而故意给自己强加上一个罪名，也不能为了批评而刻意为难自己。

4 把拒绝说得更加委婉一些

爱尔兰著名剧作家萧伯纳某次收到一位陌生小姑娘的来信，小姑娘在信中说了这样一番天真无邪的话："您是最令我佩服的一位作家。为了表达我对您的敬仰，我打算用您的名字来命名我的小狮子狗。它是我过生日时亲戚们送给我的。不知尊意如何？"

看了信件，萧伯纳被孩子可爱的言行打动了，他知道孩子对自己并没有什么恶意，只不过是出于一种简单的喜欢罢了。不过把人

的名字套用在狗身上，多少有些勉为其难。

当然，萧伯纳也没有直接拒绝这个小家伙，而是在回信中非常温和地给出了一点建议："亲爱的孩子，读了你的信，颇觉风趣盎然，我赞同你的打算。最重要的是，你务必和小狮子狗商量一番。"

当某些人做一些违背我们个人原则的事情时，很多人会使用一些非常生硬的语言来表明自己拒绝的态度，比如"不行""你这样做不对""我不想蹚这趟浑水"。

拒绝自己不擅长或者可能会对自己造成不良影响的事情是理所当然的，但是拒绝也要讲究策略和技巧，毕竟拒绝不当往往会造成双方关系的尴尬。

心理学家认为，最合理的拒绝方式主要有两种，一种是刻意转移话题，另一种是利用沉默的态度让他人知难而退。在具体交流的过程中，这两种方法可以适当地进行拓展。

1．寻找借口

如果有人请求我们帮他做一件事，但实际上这件事违背了我们的意愿，这个时候我们没有必要直接表明自己"不愿意"或者"这不是我的义务"之类

的态度，可以更加巧妙地回应对方："是吗？我想要帮你做点什么，可是真不凑巧，我还有一些重要的私人事务要处理，真的帮不了你。"

相比于直接拒绝，适当寻找一些巧妙的借口，往往可以更好地消除双方潜在的误会，既巧妙地躲避了对方施加的压力，又避免将自己的反对意见直接表达出来。

2. 转移目标

有时，他人会提出一些我们不想回答的问题，为了避免继续受对方的"骚扰"，我们可以采取转移话题的方法来解决自己遇到的问题。

比如，当他人询问我们是否看过昨晚的歌唱比赛时，不喜欢歌唱节目的我们可能并没有多少心情同对方讨论这些话题，我们可以巧妙地做出回应："是吗？我昨晚早早就睡下了，看来你昨晚睡得很晚嘛。那你是不是每天晚上都那么晚才睡？现在工作那么忙，最好早点睡。"这样一来，就将对方的话题成功进行了转移，将其转移到睡眠和工作问题上。

转移目标不仅仅在于对话题的转移，有时候也可以对谈话对象进行转移。比如，当我们不想卷入某个话题之中时，可以这样告诉对方："你说的那些事我不太擅长，如果你想要解决问题或者获得更好的建议，我觉得你可以找其他人去咨询一下。"通过这种提示，我们可以将"麻烦"转到第三方手中。

3．寻找替代性方案

当有人提出一个我们无法接受的方案时，不妨想办法转换思路，寻找一个更加合理的解决方案。

如果对方想要按照方案 A 行事，那么我们可以在对方的想法和自己想法的基础上提出一个更加折中的方案 B ，然后告诉对方：“你也可以这样做，我觉得这也是一个不错的方法。”这种表达方式主要表明一个态度：我不反对你的意见，也未必支持你的想法，但我乐于提供一个可行的替代方案。

4．沉默和迟钝

有一个非常巧妙的拒绝方法，那就是刻意保持暂时的沉默，或者刻意对他人的话表现出迟钝的反应。这两个方法实际上是一种非常微妙的暗示，借机展示出自己的态度，但又不至于因为直接拒绝而得罪他人。

我们在处理那些为难的请求时，可以在对方提出请求后刻意保持沉默，然后也可以故作迟钝地做出回应："这个……这个嘛……让我想想办法。""嗯……这个……我觉得……是……"。通过这种不确切的、含糊闪烁的言辞，我们可以隐晦地表达出自己的为难之处，相信对方也会很快明白。

以上几种方法都是非常巧妙的拒绝方式，也是日常交际中比较常见的技巧，其主要目的不仅仅是明确自己的立场，更在于创造一种更为融洽的沟通氛围，确保对方不会因为我们的拒绝而心生不满。

5 注意采用抑扬顿挫的声调

2015 年，有一次李雷应邀去客户的公司考察，恰好碰到了一位部门经理正在发表讲话，李雷出于好奇坐在旁边听了几分钟。在李雷的印象中，管理者的讲话多数时候都是沉闷刻板的，他们一上台也无所谓什么节奏不节奏，直接拿着演说稿念。

但这次不同，李雷坐下来听了两分钟后，就被对方的讲话给打动了。尽管对方所说的都是一些工作性的内容，但非常悦耳动听。

听完讲话，时间已经过去了半个小时，李雷却浑然不知。在过去，任何一次公司内部的谈话都会让他感到无聊，但这一次他却对客户这样说道："这样的讲话听起来就像是在朗诵优美的散文一样。"

李雷很快找到了其中的原因，那就是演讲者声调和节奏的变化。那个讲话者非常出色地控制了声调的起伏变化，同时将节奏把握得非常到位，因此他人听起来非常舒服。

我们往往会忽略对于声调的控制，很多时候，我们都用非常平淡的声调说话，甚至有时恨不得像推销员一样在一分钟之内说出两百多个字，这样的讲话方式很容易让人反感。

如果我们能够依据演说内容、需求和进程来给自己设定声调，这样无疑会让讲话更受欢迎。

关于这一点其实我们从小就有所了解，为什么我们总是觉得幼儿园里的老师声音特别有吸引力？原因很简单，那就是老师在教小孩子的时候，会有意无意地用抑扬顿挫的声调讲话，而这正是提升语言魅力的一个关键因素。

英国牛津大学的科尔曼教授早就意识到了这一点，因此他特意花费了两年时间去幼儿园听课，还经常和不同的老师进行交谈，最

后还对这些声调进行分解，以便进行分析和模仿。

他认为这些幼儿园教师很可能是世界上最成功的演说家，尽管他们的知识量有限，技巧也不那么娴熟，一些老师的声音甚至略显稚嫩，但是凭借很好的语感和节奏，他们总是能够轻松地吸引他人的关注。

简单来说，那些善于把握人心的人往往会注重对语速和节奏的控制，他们会根据谈话的内容、场景、对方的心理和感情变化，做出相应的调整。

1. 调整语速

控制好语速是保持抑扬顿挫风格的第一步，在谈论一些无关紧要的内容时，可以加快语速；在讲到重点的时候，则要降低速度；在辩解或者争论的时候，应该保持正常的语速，甚至可以适当放慢语速。在与人交谈的时候，一定要注意根据不同的说话内容、不同的场景调整语速，并以此来加强说话的魅力。

2. 控制节奏

很多人的谈话具有很强的节奏感，他们知道在什么时候抑，在什么时候扬，什么时候要顿，什么时候要挫。他们通过这种对节奏的把握，让谈话变得更具层次感和说服力。掌控节奏不仅仅是控制语速和声调，还在于对谈话氛围、听众情绪、谈话内容的整体掌控。

比如当气氛变得活跃的时候，节奏可以适当加快；当气氛变得紧张的时候，则让谈话变得舒缓一些；当气氛进入常态时，可以保持正常的节奏。通过松紧快慢的合理调控，谈话者能够掌控好整个谈话的节奏，并确保谈话内容可以被其他人更好地接受。

著名的演说家陈平说过：“好的演讲往往需要一定的律动，哪怕是那些最朴实的声音，也需要把握好那些变化中的点。”事实就是如此，谈话虽然并不像讲故事或者朗读散文一样，需要照顾到情节的推进和结构的舒展，但是仍然需要做到有节拍、有韵律，也只有这样，我们才能够进一步提升语言的魅力和说服力。

6 说话也要懂得八面玲珑

很多时候，我们会发现这样一种现象，当自己兢兢业业，按照规定办事的时候，常常不得人心，遭人怨恨；当自己同他人讲原则，讲道理时，往往被对方嗤之以鼻；当我们坚持按照自己的原则表达观点时，常常被人误解为徇私。我们自以为一直都是按照自己的原则说话办事，却常常遭到他人的误解和排斥。

其实，这里往往涉及一个最基本的交际话题——变通。

某位教授曾告诫那些刚入职场的年轻人：“无论说话办事，我都不主张死守某个道理，事实上任何东西只要上条上框，上纲上线，只要白纸黑字到

处张贴，那么必定会丧失掉一些人性化的东西。规定是死的，而人却是活的。所以我们既要懂得利用原则办事，也要懂得不能被原则所束缚，不能因为过度坚持原则，而搞差自己的人际关系，使自己被周围的人孤立起来。”

按照该教授的说法，一个人在说话的时候要做到八面玲珑，见到什么人就要说什么话；要适当模糊自己的立场，尽量权衡和综合大家的利益。

陈树屏在清朝末年担任江夏知县，当时上司分别是湖广总督张之洞、湖北巡抚谭继洵，这两位上司向来就关系不和，经常明里暗里相互针对。陈树屏身为小小的知县，往往被夹在中间很难做人。

有一次，陈树屏在黄鹤楼宴请张、谭二人及其他地方官员，众人正欣赏黄鹤楼前的大江美景。不知是谁突然好奇地说：“不知这江面到底有多宽？”很多官员都纷纷说不知道，毕竟大家无法凭借眼力来评估江面的宽度。

此时，谭继洵端着酒杯脱口而出：“我觉得是五里三分宽。”其实他也不知道具体的宽度是多少，只是估计了一下。原本不说话的张之洞听到谭继洵的话后，也不甘示弱，大声喊道：“明明是七里三分宽。”两个人很快争执起来，互不退让。其他官员原本可以迎合着说“是”，但两个人的说法完全不一样，这倒让官员们为难了，毕竟同意一个人就意味着得罪另一个人。

眼看着气氛越来越僵，陈树屏灵机一动，从容不迫地说道："江面涨潮时宽是七里三分，而落潮时便是五里三分。两位大人都没有说错。"

此番话一说出口，既没有得罪张之洞，也没有折了谭继洵的面子。因此，两人都对陈树屏投去了赞许的眼光。

陈树屏所采用的这种说话方式，是协调人际关系的一个重要方式。

在社会生活中，保持原则和立场很重要，但是保持立场并不意味着我们就要按照固定的想法做出选择。只要环境发生了变化，我们完全可以适当进行变通，至少在言语上应该做到圆滑。具体有以下技巧：

1．模糊立场

八面玲珑并不意味着我们要用欺骗的方式对待他人，而是要求我们懂得去迎合大多数人，而这样做的前提就是要在话语中模糊自己的立场。比如从内心的真实想法来说，我们可能倾向于选择 A ，但是在面对 A 的时候，我们可以说："您说得非常好"，而在面对 B 的时候，我们要表态："我赞同您的看法""您的想法并没有错"。

这两种表态就是一种比较模糊的立场表达方式，避免了过分亲近某一个人而疏远另一个人。

2．不议论是非

善于变通的人常常秉持着一条最基本的原则，那就是不要轻易在人前对其他人做出是非上的评论，因为是非评论总是带有一定的主观性，而且会在不经意间透露出自己的立场和观点，这样会和立场不一致的人形成敌对关系。

因此，在日常生活当中，无论是谁都应该尽量少评判他人的言行，听到一些闲言碎语，要注意保持沉默、守口如瓶，以免贻人口实。

3. 尊重他人

在人际交往中，往往存在一定的游戏规则，要想交流顺畅，就必须按照这种规则行事，而在交际法则中，最大的一条法则就是尊重他人。这种尊重主要体现在尊重他人的话语权。一个聪明人在表达自身立场之前，会这样询问："你觉得怎么样？""我想听听你的看法。"尽管很多时候，他们并不赞同他人的观点，但是仍然会客气地说："您说得也不无道理"，或者说"我会考虑您的想法和提议的"。

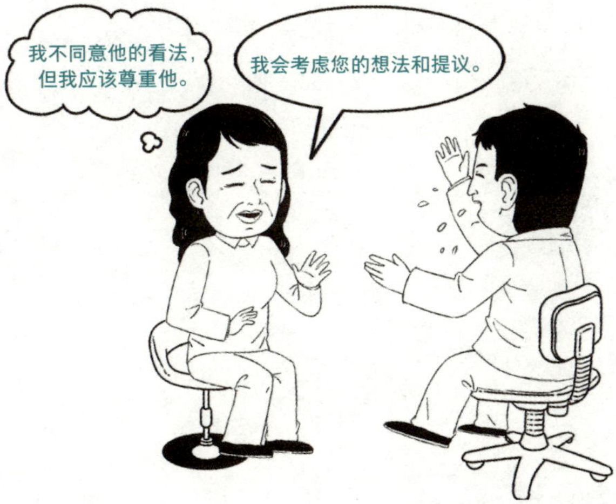

有这么一句话：“我们的观点有时候非常重要，但我们要尽量将其看得无足轻重，因为对于其他人来说，他们只关心自己的观点能不能被认可，而不会看他人是什么观点。”通过给予他人的话语权更多的尊重，我们可以有效避免出现和他人产生对立冲突，从而保持良好的社交关系。

事实上，人生到处都是这种交流的游戏，而真正能够在游戏中生存下来的往往是那些八面玲珑的人。对他们来说，并没有什么人是真正和自己站在一起的，他们通常会表现出这样一种姿态：我愿意和所有人站在一起。

第四章

自我克制的说话艺术

1. 控制情绪，保持风度
2. 不要总是在他人面前抱怨
3. 有争议性的话题最好少说一点
4. 尊重他人的表达权，不随意插话
5. 不要把话说得太绝对

1 控制情绪，保持风度

通用电气前任总裁杰克·韦尔奇一生很少犯错，而且在管理方面一直得心应手，但是即便是这样一位管理大师也难免会因为情绪失控犯错。

有一次，他安排自己的下属戴维·默克策划一份方案，要求他在会议后的一周内上交方案，但是戴维却晚了三天，韦尔奇非常生气。戴维准备辩解，可是没说几句就被韦尔奇顶了回去，正在气头上的韦尔奇当面批评了戴维没有用心做事，还扣除了对方一个月的奖金，并且大声怒吼着让戴维滚出办公室。

事实上，戴维一直以来都兢兢业业，只不过在策划方案的那段时间，他的小儿子在车祸中不幸遇难，内心悲痛的他因为心思不定加上要处理丧事而影响了工作。他被韦尔奇责骂后也自知工作状态不好，于是就提交了休假一个月的申请。但韦尔奇却误以为戴维是用长假向自己示威，于是更加怒不可遏。因此，当韦尔奇在收到戴维的申请书后，当晚就做出了一个决定——开除戴维。

戴维最终心灰意冷地离开了通用电气公司，而韦尔奇在两个月之后才得知戴维儿子的事情，他觉得后悔万分，并打电话给戴维道歉，可是戴维此时已经成为其他公司的员工了。韦尔奇万万没有想

到因为自己一时的情绪失控而伤害了戴维，最终导致自己失去了最得力的助手。

心理学家发现，我们往往很容易被自己的负面情绪绑架，愤怒是其中最为常见的一种。某心理学从业者说过这样一句话：“情绪是我们最重要但也是最脆弱的一部分，它的脆弱还会暴露出更大的缺点和不足。”情绪像是一把“双刃剑”，人们一旦失去对情绪的控制力，就会产生一系列不良的连锁反应。

因此，讲话的人无论面对什么样的情况，都要注意控制自己的情绪，保持镇定，克制自己的言行举止，不要在口头表达上得罪他人。

比如，有人在会议上批评你的方案“太幼稚”，你的反应应该是“我希望您能够给我一点更好的建议”，而不是反讽对方“我觉得某些人也应该好好看看，自己写的东西有多烂”。

我们总是低估愤怒带来的风险，甚至刻意利用愤怒的情绪向外界施加压力。这一点在孩提时代就被熟练运用了，当我们得不到自己喜欢吃的糖果时，就会利用愤怒、生气、歇斯底里来实现自己的目的。大人们如果给我们拿来糖果，我们就会觉得：这些愤怒是被接受和纵容的，并且会带来最直接的好

处——获得糖果。

可是一旦我们长大之后，生活环境更加复杂，情绪失控不再能解决问题，大喊大叫和坚决反击只会让事情变得更加糟糕。那么对于一般人来说，该如何让自己掌控好情绪，更好地应对一些外在的伤害呢？

1．宽容

对于那些伤害自己的人来说，宽容是最好的武器，当我们优雅地说一声“这些都没什么”时，毫无疑问就已经将自己推到一个道德的制高点上。这样一来，我们的宽容既确保了事态不会进一步扩大，也让自己更容易赢得对方的尊重和外界的同情。

2．冷处理

当双方产生矛盾时，过分地为自己辩解很可能会激化矛盾，最好的办法就是暂时搁置这个引起矛盾的话题，采取冷处理的方法。

比如，当他人冲着你发火或者在言语上讽刺你时，我们可以保持沉默，

拒绝做出任何实质性的回应。这种处理方法可以将双方的愤怒压制在一个相对可控的范围内，从而避免更大的冲突出现。

3．转移话题

如果我们无法寻找到更为合适的方法来说服他人，那么在矛盾被激化之前，最好想办法及时转移话题。比如当双方在某个问题上争论不休的时候，可以把话题转移到双方共同经历过的趣事上，或者提议暂时终止讨论，去做一些想做却还没有完成的事情。

4．给对方更多解释的机会

当冲突发生之后，对方的情绪很有可能会变得非常激动，这个时候我们所要做的不是据理力争，而是要克制住自己的情绪，并告诉对方：“如果你有什么更好的观点，可以及时提出来，让我们坐下来好好谈一谈。”

其实，无论采用什么样的方法，最重要的还是要保持一种淡然的心态，克制住想要压制对方想法的冲动。

所以当我们遭遇一些不开心的事情时，不妨看一副得道大师配制的绝妙

药方："好心肠一条，慈悲意一片，道理三分，道德为先，敬人十分，诚信药引，老实一个，中直一块，豁达全用，方便不拒多少，此十味药，用平静锅炒，用宽容锅炖，不要焦，不要燥，去火性三分，不要激，不要怒，镇定数小时放理性盆中慢慢研究，三思为本，脚跟站稳，用清醒配制成药丸，放在坦然杯中，兑快乐汤服下，日日必服，不限时，不限量，随处可用。"

2 不要总是在他人面前抱怨

有人问著名的哲学家亚里士多德："人身上最普遍且难以根除的缺点是什么？"亚里士多德想了想说："是抱怨。"

比如，当我们与他人发生冲突的时候，总是抱怨他人不尊重自己；当他人比我们更早获得成功时，我们会抱怨他人的外在条件比自己更好；当我们想尽办法也无法获得认可时，会抱怨自己没有受到应有的重视。

但反过来想想，这些抱怨是否真的合情合理？我们所遭遇的这些不快，真的跟自己的行为没有一点关系吗？

比如有很多职员经常会在工作中抱怨上司偏心，为什么那些和自己一起入职的员工可以比自己更早地升职，为什么那些比自己入职更晚的人反而拿到了更多的工资，为什么自己的工作始终得不到认可？

但事实上，上级就是按照最基本的绩效考核来发放工资的，谁的业务能力更强，谁获得升职的机会就更大。抱怨者是否想过他人一直都比自己更加努力，他人的工作成绩一直要比自己更加突出？

很多时候，抱怨者自己也有问题，机会来临时如果不去奋力把握，自然就会落后他人，在抱怨外界因素之前，我们自己要先做到最好。如果只想着让外界环境来迎合自己，就会在抱怨的道路上越走越远。

此外，还有一个问题需要引起重视，那就是抱怨真的管用吗？它是不是会让我们所遭遇的情况变得越来越好呢？

我们对那些习惯抱怨的人进行观察，可以发现他们常常在生活和工作中遭遇失败。因为这种人经常忽略自己身上的问题，只会从外界寻找借口。这样无助于问题的解决和自己的进步。而且没人愿意和喜欢抱怨的人多做交流。

正因为如此，在面对一些不顺心的事情时，我们更需要提高自己情绪的门槛，并时刻告诫自己：“这件事情影响不了我。”我们需要静下心来分析问题。

曾经在微软公司担任部门经理的A先生，工作多年一直兢兢业业，而且还是第一批跟随总裁比尔·盖茨的员工。但后来由于公司内部决定进行人事调整，他被公司下放到另一个部门的主管位置上。听到这样的消息，A先生有些生气和沮丧，所以他开始抱怨公司亏待老员工，并且开始消极对待工作。

有一天，他和朋友聊到这些事情，并下定决心离开公司。朋友见他如此失落，对他说："我并不觉得这是坏事，或许你可以通过新的工作岗位来证明自己是足以应对任何一种情况的，或者你需要向老板证明你有能力留在这儿。"

听了朋友的劝告，A先生决定先留下来上班。第二天，当公司正式下达更换岗位的通知后，A先生非常冷静地对老板说："我接受公司的安排，而且我希望自己可以将新工作做得更加出色。"

老板听了A先生的话，感到非常高兴。停止抱怨的A先生开始努力工作，并将新工作打理得井井有条。半年之后，A先生的业绩就排在了所有员工的前几位。没过多久，老板就重新将他恢复到原来的经理职位，并且给予了他更高的工资。

潜能大师安东尼·罗宾曾经说过一句话："解除痛苦的三个方案：不要抱怨他人，就算自己当年很悲惨，但是你的抱怨于事无补；不要抱怨自己，抱怨是与过去有关系的，但是对现在一点用也没有；改变自己对生活的设想，才可以真正解除痛苦。"在安东尼看来，抱怨根本无法真正解决问题，最好的办法还是保持良好的心态。

所以当我们面对挫折时，不要总是在他人面前抱怨自己受到了不公正的对待，因为这些抱怨只会让我们失去更多的机会。如果我们能够改变心态，在困难面前表现出更大的积极性："我会尽量去改善的""我会想办法做得更好"。

3 有争议性的话题最好少说一点

某位心理学从业者为他的朋友提了一个建议，那就是“尽量少谈论那些富有争议性的话题”。尽管有争议性的话题会因为具备多种可能性而吸引更多人参与到讨论中来，但是在他看来，在公开场合谈论有争议性的话题并不是一种明智的做法。

有争议性的话题由于没有定论，会导致一个基本的问题：他人很容易针对说话者的观点提出不同的看法。

有人说：“我们并没有做好这样的准备——去提出一些足以说服他人的

观点，因此我们的谈话通常显得毫无必要。”争议性话题很容易引起他人的误解，甚至反对者的攻击，会让说话者陷入争议之中。

1978年，李·艾柯卡曾任福特公司的总经理兼副总裁，地位仅次于亨利·福特本人，而且福特公司成为全球数一数二的汽车霸主，离不开他敏锐的市场眼光与独特的销售方法。

然而这样劳苦功高的一个人，最终却被公司辞退。关于辞退原因，公司的说法是李·艾柯卡与亨利·福特经营理念不合。但也有内部人士称，是因为李·艾柯卡功高震主。一时之间，李·艾柯卡的离职事件成了公司里最具争议性的话题。公司禁止员工在内部谈论这件事，也提醒大家最好不要向外界媒体透露与这件事有关的信息。

但是当时有个主管为了讨好亨利·福特，将公司的提醒当成了耳旁风。他在接受一家媒体采访时，煞有介事地为亨利·福特说好话，评判李·艾柯卡自我膨胀，无法认清现实，总是想办法追求权力和地位，从而破坏了内部的合作氛围……

令这位主管没想到的是，他在媒体面前的发言触犯了公司的底线。最终，公司撤掉了这个主管的职务。

一个聪明的谈话者会保持谨慎的态度，尽量避免谈论有争议性的话题，避免将自己卷入舆论的漩涡中。

《论语·子罕篇》写道："毋意，毋必，毋固，毋我。"这句话的意思是说，一个人在说话的过程中，如果遇到那些难以说清楚或者存在争议的话题，一定要注意说话的方式。

"毋意"就是告诫说话者不要进行主观臆测，如果对于事情缺乏考证，就不要以"我觉得""我认为"来进行描述。

"毋必"是说话的时候不要给出绝对肯定的答案，毕竟当自己不能给出足够的理由证明自己的观点时，最好还是保留说话的弹性，以免引发激烈的观点冲突。

"毋固"是说人们必须突破自己的思维局限，这样一来就不会总是按照自己现有的知识框架来理解事物了。

"毋我"指的是保持包容的态度，不要把自己的观点当成唯一。通过包容他人的观点，我们可以在交谈中缓和气氛，并慢慢赢得他人的尊重和认可。

其实，这八个字非常准确地指出说话者在面对争议性话题时，应该采取的技巧，那就是尽量不要宣扬过于绝对的观点。说话者如果没有办法给出有足够说服力的观点，那么就尽量少说，以免让原本友好的交谈变成了争吵。

4 尊重他人的表达权，不随意插话

某公司召开了股东大会，当时股东成员多西与担任董事长的波克对于企业的发展方向展开了讨论。波克认真地讲述着公司未来的规划，可是多西总是不依不饶地捣乱，每次波克还没说上几句话，就被多西无礼地打断，这让好脾气的波克怒火中烧。他愤怒地冲着多西大喊："你可以反驳我，可以攻击我，可以用任何恶毒的语言中伤我，但是请你不要在我说话的时候打断我，因为这才是对我最大

的侮辱！”

多西被说得哑口无言，而且多西这种随意插话的行为让其他董事会成员也看不下去了。虽然波克提出的方案还是存在一些问题，可是多西的失礼行为更为他们所不齿。所以尽管多西拥有一个好的提案，可是却尽失人心，最终股东大会否定了他的提案，董事会决定按照波克的方案行事。

在日常的谈话中，我们也常常会犯下多西这样的错误。对方一句话没有说完，我们就不自觉地插话。这种交流方式往往和我们的习惯有关，比如很多人在与家人、朋友聊天时，表现得比较随意，经常会在对方谈话的过程中穿插自己的话，甚至以插话的方式开玩笑。也有一部分人存在强烈的表达需求，总是会不自觉地想要抢夺更多的话语权。

无论是哪一种情况，都是不礼貌的。毕竟谁都不喜欢他人在自己说话时横插一杠。有些人将插话当成一种开玩笑的方式，这无疑是错误的。随意插话会打断谈话者原有的思路，让对方好不容易串起来的逻辑变得混乱。谈话者的谈话被人随意打断之后，也会产生一种不被尊重的感觉。

某公司的创始人就和部属约法三章：“不要在我说话的时候打断我，想要提出什么意见，必须等我把话说完。”

对于倾听者来说，必须严守说话的规则，尽量克制自己的表现欲望，改正不合理的说话方式。比如在他人将一段话说完之前，我们最好不要插话；当他人说了一个我们不太赞同的观点时，我们同样需要保持冷静，等对方把话说完再进行反驳。

之所以要这样做，一方面是因为尊重对方的话语权，另一方面是为了方便我们在获得最完整的信息后做出针对性的回应，从而确保自己的话更具说服力和吸引力。另一个微笑着想：“虽然他在胡说八道，但我要等他说完再反驳。”

当我们懂得尊重他人的话语权时，他人也会尊重我们的话语权。我们在表达时，对方同样会给予足够的时间和空间。如果我们不时地打断他人的谈话，双方的交流就难以顺畅进行。

所以，在他人说话的时候适当保持沉默很有必要。当他人把话说完或者描述完一个重要观点后，我们再给予回应。或者当对方主动提问或者让我们谈一谈相关话题时，我们再适当地表达自己的想法。

5 不要把话说得太绝对

中国人在为人处世的时候，往往讲究“三不”，即不失足于人，不失色于人，不失口于人，其中“失口”向来都是为人处世的大忌。就像我们平时所说的“祸从口出”一样，掌握不好说话的方式和内容，就会在言语上留下把柄。

那么在“失口”中，有一种常见的情况就是把话说得太满、太绝，结果断绝了自己的退路。

比如，一些人说话太过绝对，认为自己能掌控一切，说什么就是什么，而忽略了一些意外情况的存在，结果当意外真的出现后，自己反而无地自容。

公元228年，为了实现统一的梦想，诸葛亮率领蜀军北上伐魏，当时马谡主动请缨担任前锋。诸葛亮知道马谡很有才华但是没有领兵打仗的经验，实在有些不放心，结果马谡直接立下军令状，“如果无法守住街亭，愿意接受军法处置”。诸葛亮于是点头同意，但还是嘱咐他说：“街亭虽小，关系重大。它是通往汉中的咽喉，如果失掉街亭，我军必败。”此外还特意指示让他“谨慎小心，不得有误”。

可是骄傲自满的马谡根本没有将诸葛亮的话听进去，结果街亭失守，而马谡只能接受军法处置。

像马谡这样的人，太过自大，对于自己能力缺乏准确的认识，对于外在形势的估计也不足，因此说话办事容易托大，最后将自己逼上绝路。

我们在表达的时候，一定要注意用词，尽量避免出现“唯一”“必须”“一定”“只有”“绝无”等词汇，因为这些词往往过于肯定和绝对，一旦说出口就会让整个事态缺乏弹性。表面上看谈话者掌握了主动权，实际上一旦出现意外情况，就会导致谈话者前后自相矛盾，陷入尴尬的境地。

所以谈话时要注意给自己留下一些回旋的余地，选择“可能”“也许”“大

概”“我尽量”等词汇是比较稳妥的方法。

还有一些情况，很多人把话说得太满是针对其他人，比如当他们与周围的人出现明显分歧的时候，就可能会采取一些比较极端的方式来沟通。

比如告诉对方“双方从此不必来往”“我不会再来找你”“我们不再有任何关系”，这些话往往比较决绝，一旦被毫不留情地表达出来，实际上既断绝了对方的路，也断绝了说话者自己的路。

实际上，人与人之间的矛盾大部分并没有想象的那么严重，只要彼此各退一步，好好调解一番，就可能消除误会，重归于好。

谷歌公司和苹果公司曾因为专利、技术、人才、市场等因素而发生利益冲突，并且先后表态不再和对方合作，要死磕到底。随着时代的发展，两家公司慢慢发现合作似乎比对抗更加有利，不过由于先前把话说得太绝了，双方都拉不下脸来合作，最终在长达十多年的时间里，两家公司都保持相互攻击的姿态，也因为如此，双方都失去了很多发展和盈利的机会。

所以，为了避免陷入僵局，不要将问题看得太绝对，也不要把话说得太绝对，凡事要懂得留一些迂回的余地。在一般情况下，哪怕面对重大的分歧，也应该想办法留下一些机会来解决问题。比如当谈判破裂后，可以和和气气地说："这一次未能和贵方谈拢实在非常遗憾，希望下一次可以取得令双方都满意的结果。"或者我们可以提醒对方："双方之间存在一些问题，但这些问题是可以得到合理解决的。"

第五章

有些话你绝对不能说

1. 背后伤人的话最好不要说
2. 避免废话，浓缩就是精华
3. 不了解的东西就不要发言
4. 说话要有理有据
5. 善意的谎言有时候不可或缺

1 背后伤人的话最好不要说

在生活中，总有一些人喜欢在他人背后指指点点，这类人缺乏最基本的道德素养，他们的兴趣点往往在于揭露他人的隐私，只要他人身上有什么缺点，发生了什么不好的事情，他们就会第一时间在背后进行宣传。

这种背后伤人的人无疑是令人厌恶的。毕竟从沟通的角度来说，大家肯定更希望他人能够与自己坦诚相交，将所有的话放到台面上说清楚。

有些人也许会说“我只是不想当面将矛盾激化罢了”，这样的话听上去有些道理，但实际上完全是一种错误的认识或者说是一种拙劣的辩解手法。

事实上，如果我们不想激化矛盾，最简单的方法有两种，第一种是面对面地来一次交心的对话，将所有的误解和矛盾全都说清楚；第二种就是保持沉默和宽容，将所有的矛盾冲突抑制在可控范围之内。背后伤人并不是什么好办法，而是一种狭隘的、不道德的发泄方式。它不仅不能缓和矛盾，反而会进一步激化矛盾。

社会学家认为，世界上任何两个人之间的距离不会超过 6 个人，这也就意味着整个世界的人际关系圈其实是很狭小的。如果我们在背后说他人的坏话，这些话总有一天会传到被议论者的耳朵里，这样就可能会造成严重的冲突。

此外，“坏话”会在传播的过程中被扭曲，从而越传越坏。比如当你在朋友 A 面前说“林先生上次开会时，偷偷早退了”。这句话可能会被传到朋友 B 那儿，并演变成“林先生开会的时候经常早退”；接下来，C 可能会从 B 那儿听到这样的话，“林先生对老板不敬，从来不去参加他的会议”。

传播者在表达和传播的过程中会不断按照自己的意愿和立场去更改意思，这样就导致“坏话”不断被夸大，最终“坏话”给他人造成的伤害也会越来越大。

正因为如此，每个人在处理人际关系的时候，一定要采取更为合理的沟通方法，对他人身上一些不合理的现象，我们可以直接与对方进行沟通；对于他人身上的一些缺点，可以采取更为包容的态度。无论何时何地，都要做到对事不对人，尊重他人。

2 避免废话，浓缩就是精华

日常生活中，很多人都喜欢多说话，甚至说一些无关紧要的废话。在他们看来尽可能地多与人交流，有助于增加自己的存在感，增强自己的影响力，但结果往往会适得其反。过多的废话和烦冗的语言会让说话者失去应有的魅力，因为没有人愿意花费时间听一些没有多少价值的话。

曾经有人专门制作过一档测试销售技巧的节目，对各个领域销售人员的销售技巧进行了调查和分析。在调查过程中，节目组发现了一个普遍存在的问题，那就是销售员更喜欢说更多的话来介绍自己的产品。

比如第一个是珠宝店的销售员，他在短短半个小时内，一共对顾客说了3542个字；第二个是一位衣服销售员，她在20分钟的时间内说了2907个字；第三位是一个面包店的服务生，在5分钟的时间里说了504个字，但交易的成功率并没有想象中的那么高。

主持人克里斯在评价这些销售员的能力时说了一句经典的话："我们正活在一个多嘴多舌的年代。"很显然，销售员通常会产生一个误区，他们会认为自己说的话越多，就越有机会将产品推销出去。但是，他们忽略了一个重要的因素，那就是在追求快节奏消费的今天，人们可能不再像过去一样热衷于花上半天时间和业务员闲聊，他们更希望对方能够更快更直接地告知产品的功能特点。

在这种情况下，我们需要尽可能地减少那些废话，并对那些最重要的内容进行精简和浓缩。

在人际关系学当中，有一个著名的30秒电梯法则，意思就是说我们必须在坐电梯的30秒内将自己所要说的事情尽可能表达清楚，而这就需要出色的语言组织能力和信息提炼能力。

如今有很多公司都会推行这一原则，目的就是培养员工的汇报能力和表达能力。30秒电梯法则是一种非常出色的训练模式，它能够提升我们的语言精练能力，从而保证有限的时间得到充分高效的利用。

比如宝洁公司要求经理们每天只写一页的备忘录，要求每一次的会议不能超过半个小时；好莱坞的制片人在会见剧作家的时候，只愿意给剧作家十几分钟时间大概地讲述故事结构。剧作家如果在十几分钟的时间里能够打动制片人，就有机会将自己的作品搬上荧幕。

能够在短时间内将事情描述清楚，本身就是一个非常重要的技能，是需要我们认真学习和掌握的技能。尽管不一定要做到在30秒内说清楚一件事，但是减少废话对每一个人的沟通和交流都很有帮助。减少废话需要对自己的谈话进行组织和编排，有以下技巧：

第一，把握重点。当我们想要对整个对话进行简化时，最简单的就是把握谈话的重点，将最重要的信息说出来，并针对这些重点进行简单包装，这样就可以尽可能地减少不必要的谈话。

第二，适当切割那些不重要的内容。在谈话中，既包括很多重要的内容，也有很多无关紧要的描述。谈话者在把握重要内容的时候，也需要对那些不太重要的话进行适当的切除，尽可能保证话语的简洁性。

第三，重新组织谈话，避免啰唆、重复。没有顺序的表达往往容易出现重复，从而又增加了不必要的废话。因此，说话者一定要重新对自己的谈话内容进行梳理，合理安排表达顺序，确保基本的条理性。

3 不了解的东西就不要发言

中国著名文学家、喜剧作家和社会活动家夏衍，学识渊博，而且非常健谈。有一次，两位历史学家坐在一起谈论历史，夏衍觉得很有趣，于是也坐在旁边凑热闹，正当历史学家们聊到某个历史话题的时候，夏衍直接开口说出了自己的看法。

说话向来都很有自信的夏衍根本没有想到，对方会突然生气地

盯着他说："你什么也不知道，根本没有资格在这里发表评论。"这样的话让夏衍顿时感到脸上无光，他只好悻悻离开。在那之后，他开始努力研究历史书籍，填补自己在历史方面的空白，并秉持更加严谨的态度去进行创作，最终改编和创作了很多优秀作品。

这件事也给我们提了一个很大的醒，让我们在以后的谈话中都谨守一个原则：绝对不谈论自己不了解的东西。

我们经常会在类似的事情上犯错。就像平时谈论某个人一样，我们也许只是跟他有过短暂的几次交谈，然后就觉得自己已经了解对方了，乐于在他人面前谈论他的相关事情，但是仔细想想，我们对他可能并没有那么了解。

同样的事情也发生在那些书籍上，我们看过几部小说，于是就在他人面前大肆谈论意识流、后现代主义和魔幻现实主义，但实际上多数人也许只记得几个作家的名字，对于那些严肃文学的风格和写法并不算真正了解。

只知其一，未知其二，或者说没有从根本上去理解这些内容，这正是我们最容易犯下的错误。我们似乎习惯了模糊"我知道"和"我熟悉"的界限，我们总是想当然地将自己稍微知道但其实并不了解的事情当作谈资，并认为自己可以借此来炫耀自己的见识。

这种夸夸其谈的行为会对我们在他人心中的形象造成很大的破坏，因为在一些自己不够了解的话题上，我们很容易犯下一些明显的错误，甚至将自己推入尴尬的境地。此外，我们的无知和盲目自信也会误导他人。

所以我们在面对一些没有把握的话题时，一定要慎重，尽量回避它们。那么什么样的话题是我们无法驾驭的呢？我们该如何脱离“我知道”的误导？

在面对这类困惑时，国内著名的社会学家张波教授曾经提出了几个非常好的评判标准。

首先，判定是否应该参与讨论。我们应该想一想自己是否了解相关的内容，是否有类似的知识储备，如果我们根本不了解，那么最好不要随便发言。

其次，我们要看看自己能否理解这些话题。当他人谈论这类话题时，我们是否能够听懂他们的话。如果我们感到一头雾水，或者处于迷迷糊糊、似懂非懂的状态，那么最好不要不识趣地参与到这个话题的讨论中去。

最后，我们需要判断这些话题的性质。看看是否存在不同的解读方式，我们的观点会不会对其他人造成误导，如果自己不那么精通，存在误导他人的可能性，那么最好暂时放弃这样的话题，以免自己讲解不到位而影响到他

人的理解。

通过以上几个标准，我们可以大致判断自己是否适合谈论这些话题。其实，每个人都有自己擅长的领域和不擅长的领域，没有人会要求我们“无所不知，无所不晓”，认识自己的优势和劣势，是沟通者最需要做的功课。

一个聪明的沟通者善于扬长避短，乐于和他人分享自己的专业知识，也会谦虚地承认自己有不了解的知识。这样就可以避免因为说错话或者不懂装懂而遭受非议。

4 说话要有理有据

很多时候，我们都会发现有些人喜欢说教，喜欢对人对事发表各种长篇大论。这种人观点十分明确，态度非常坚定，但是却常常产生不了什么说服力。

在面对这种情况时，这些人可能会将问题归结到他人身上，认为他人的领悟能力和接受能力不行。但却不知道问题可能就出在自己身上，而且自己所犯的可能还是一些最基本的错误，比如说话论据不充分，简单来说就是说话缺乏道理和依据。

20世纪90年代，摩根大通公司准备进一步开拓欧洲市场，于是安排市场负责人彼得去欧洲找合作商进行谈判。在谈判开始的时候，彼得提到了摩根大通的相关信息以及强大的实力，这些显然让合作商动了心。不过为了强化双方进行合作的必要性，彼得在最后说了下面一番话："在过去二十年，欧洲各大银行的业务拓展能力仅有美国银行的三分之一，哪怕是成立了欧盟，这种情况也没有好转。而在未来的二十年，欧洲各大银行将会失去活力，我给出的预测是业务量下降20%～30%，这对你们来说，也会是一个重大的损失，而那个时候我们将会成为整个欧洲市场最合适的合作伙伴……"

彼得的话还没有说完就引起了合作商的质疑。虽然欧洲银行并不像美国银行那么兴盛，但是这几年一直都在稳步增长，随着欧盟的影响力越来越大，欧盟区内银行增长出现萎缩和倒退的论点根本站不住脚。反倒是摩根大通自己在欧洲市场遭遇了激烈的竞争和发展的瓶颈，未来能否盈利还是个未知数。正因为如此，合作商听完彼得的话后，纷纷表态暂时放弃这次合作的机会。

彼得之所以谈判失败，就是因为说了一些缺乏依据的话，而这些话也让合作商对摩根大通自身的发展产生了怀疑。

很显然，彼得并没有意识到这一点：如果一个人试图去说服他人，那么首先就要确保自己的谈话具有一定的说服力，而这种说服力是由谈话的内容决定的。有理有据，说话才有分量。怎么避免说一些缺乏依据的事情呢？

1. 不要说那些空穴来风的话

空穴来风的话不仅缺乏根据，有时候还违背常理，让倾听者难以理解和相信。比如当某个职员两天没来上班时，很多人就会猜测对方大概已经辞职了，但事实上没有任何证据表明那个职员不想做了，或者被公司辞退了，这样的猜测几乎毫无理由。

2. 不要散播谣言

很多人喜欢听信谣言，而且经常四处散播谣言，这种人要么是别有用心，要么就是缺乏最基本的判断力，因此才会说出一些缺乏依据的话来。比如有的人散播谣言说“某某地方出现了地震，而且死伤惨重”，但事实上那个地方从来没有发生过任何地震，甚至都不在地震带上，因此散布此类谣言的人往往会遭人鄙夷，甚至还会因为涉嫌扰乱社会秩序而受到法律的制裁。

3. 实事求是，避免主观论断

任何事情的发生都有特定的原因，想要弄清楚事情发生的原因，就需要对相关情况做好认真的调查和分析。但在很多时候，我们可能更加倾向于进行主观判断，更倾向于说“我觉得”“我认为”“我猜”“我估计”。一旦我们过度依赖自己的主观判断，就可能对事物做出错误的分析，从而影响到自己的表达。只有保持实事求是的态度，才能够把事情分析清楚，也才能够说出更加令人信服的话。

4. 不要轻易谈那些没把握的事情

我们如果想要说服他人，那么首先一定要确保能够准确描述这些内容，并持有坚定的完整的观点。反过来说，一旦我们对所谈内容把握不大，甚至一点把握也没有，那么最好还是不要轻易开口，以免遭人笑话和质疑。比如有些人自己对自己设计的方案都没底，那么最好还是不要将其轻易汇报给上级，以免在上级心中留下工作不认真的印象。

总而言之，如果我们所说的观点没有充分的依据，那么最好还是选择闭嘴，因为相比于不说话来说，说错话或者说一些缺乏依据的话反而更容易招来他人的轻视。

5 善意的谎言有时候不可或缺

著名作家鲁迅先生曾经讲过一个故事，说是有个大户人家喜得贵子，便大摆筵席邀请亲朋好友一同庆祝。亲朋好友到来后，对着主人家说了些庆贺的好话，并祝愿孩子长命百岁。但是其中一个人却当众说了一句："这孩子将来是要死的。"可想而知，这句话说出来之后，这个人就被主人家轰了出来，大家也都指责这个人不会说话。

其实从事实来说，这个人并没有说错，毕竟每个人最终都是会死的，但问题在于这个人说话不讲究场合，而且他不清楚有时候善意的谎言比客观的

真话更容易被人接受。

说话需要讲究场合，我们需要掌握一个最基本的准则，即弄清楚自己在什么时候可以说真话，什么时候不能说真话；什么人面前可以说真话，什么人面前不能说真话。如果不分场合说真话，弄不好就会适得其反。

比如对于那些身患绝症的人来说，为了让他们有一个更好的心态去接受治疗，无论是医生还是家属都可能会适当进行隐瞒，告知病人“病情比较稳定”之类的安慰话。这样的话虽然是谎言，但是从交流的效果来看，这种善意的谎言往往更容易被人接受，也能产生更加积极的效果。

著名的作家福克纳从小就喜欢写作，那时候他常常会将自己的作品拿给父亲看，而父亲每次在阅读完之后都会给儿子一个大大的赞赏，并且告诉儿子：“我要将你的这些作品全部收藏起来。”就这样，在父亲的鼓舞中，福克纳的写作水平一直在进步。有一次，他无意中打开了父亲的抽屉，发现了自己那些被收藏的书稿。他打开之后，发现书稿上到处是密密麻麻的修改痕迹，有很多文章基本上被修改了一大半。福克纳脸上热辣辣的，他明白多年来父亲一直对自己撒谎，一直都在通过“你写得很棒”之类的话来维持他的写作热情。正是因为这些“谎言”和赞美，福克纳在写作之路上坚持了十几年，并最终成为闻名世界的大作家。

尽管在很多时候，我们不能放弃对真相的追求和尊重，但在某些特定时期，善意的谎言才是更好的选择。尤其是对于那些需要更多正面鼓励的人，我们应该用善意的谎言来帮助他们，而这也是语言的魅力和价值所在。

当然说谎话并不意味着可以肆无忌惮地欺骗他人，但前提是心怀善意。在说谎话之前，具体需要把握两个最基本的原则：

第一，确保他人不会受到伤害。说真话是真诚的表现，但是问题在于很多时候真相是最伤人的。在这种情况下，我们需要说一些善意的谎话，对那些容易伤害对方的真相进行掩饰。

第二，确保没有歹意。说谎话很多时候意味着欺骗，但是如果说话者本着赞美他人、保护他人、尊重他人的心态去说话，那么就可以不必理会自己说的是不是真话了。相反地，如果是为了利用谎言来谋取私利或者陷害他人，那么还是不要说谎了。

其实，在日常生活中，我们常常会因为对于“真相”和“真话”的过度执念，说出一些伤害他人的话。尽管指责一个说真话的人显得并不那么合理，但是有时候，这个社会所看重的并不是我们说了什么，而是我们怎样去说，能够把话说得让人舒服，达到良好的沟通效果，才是说话的目的。

第六章

让你的话充满魅力

1. 善于把握对方的好奇心
2. 注意肢体语言的配合
3. 善于借助他人之口来帮助自己说话
4. 说话前先思考10秒钟
5. 顺势追问，避免冷场

1 善于把握对方的好奇心

2008年，国外很多公司都在金融危机中遭遇了困境，毕竟由于经济不景气，民众消费欲望不强烈，产品根本卖不出去。这个时候，很多厂商不得不对产品进行降价处理，可是价格战并没有带来竞争优势，反而让厂商的日子越来越难熬。

有家房地产公司此时反其道而行，每一次，有人上门来购房，售楼部的工作人员总是笑眯眯地说："抱歉啊，我们每天限购五套。今天的额度已售完。"这个时候很多买房子的人都产生了疑惑，现在房地产公司不是都急着卖掉自己的房子吗？为什么这家房地产公司还要限制数量呢？是不是这家公司的房子质量更好？是不是金融危机一过，房子就

要开始大涨价？是不是现在有很多人都在抢着购买该公司的房子……

结果，很多消费者都冲入这家房地产公司预订购房，仅仅两个星期，公司的库存量就降低了86%。这家濒临倒闭的房地产公司很快就从困境中走了出来。

事实上，这家公司之所以脱离困境，就是因为卖楼房的售货员善于把握消费者的好奇心理，达到了出奇制胜的效果。而这种利用他人的好奇心理提升语言魅力的方式在生活中非常实用。

某位社交培训从业者说过：“保持语言的神秘性是吸引他人关注的重要方法，也是确保对方能够认真倾听我们的谈话的重要方法。”

这里说的神秘性其实就是要求我们要懂得抓住他人的好奇心，只有把握住他人的好奇心理，才能引起对方的兴趣，我们的话语才能产生应有的效果。

一般情况下，说话者可以采取三种不同的方法来抓住对方的好奇心：

第一种方法就是在对话中设置悬念。想要引起他人的好奇，首先就要懂得在谈话中设置悬念。就像拍电影一样，我们需要对其中的情节进行巧妙设置，要善于埋下伏笔。电影大师希区柯克说过：“如果一个炸弹突然爆炸，引起的只是恐慌，并不会有什么悬念；但是如果事先让读者知道桌子底下有个炸弹，而主角却不知道，这样自然就会引起悬念了。”

说话往往也是这样，一个善于抓住他人眼球的人往往会在说话中设置悬念，比如有的人在介绍某个企业家时会这样说：“就在几年以前，他还是一个身无分文的穷小子，经常在附近的商场门口逛来逛去找工作，而现在却拥有亿万身家，成了本地最有实力的商人。”

这样的介绍其实就是在设置悬念，本质上就是通过前后的巨大反差来制造悬念，即直接介绍一个开始（以前很穷），然后讲出一个结果（现在很富有），最后通过对过程的省略来制造一个悬念，而这个悬念实际上就是激发听众想象力的关键。因为听众总想弄明白其间发生了什么，这就为谈话者的进一步解释提供了机会。

这种方法和倒叙法非常相似，说话者都是先说出结果，然后依据结果反过来叙述过程，这样往往比从前往后叙述更加具有吸引力。

除此之外，欲扬先抑的方法也是常见的悬念设置方式之一。

第二种方法就是隐藏信息。也就是说话者只说一个信息片段或者直接说出一个结果，引导听众自行对信息进行深入挖掘。

一般情况下，说话者需要把握好尺度，隐晦地给出一点重要信息。比如某人说：“我昨天和很多同事参加一个公司内部的晚宴，当时 L 公司的总经理也在场。”这个时候听众就会产生疑惑，为什么公司内部的晚宴中会出现其他公司的高管？是不是双方准备合作了？倾听者往往会通过对信息片段的

理解来挖掘事情背后隐藏的各种意义。

第三种方法就是在谈话中体现出自己的与众不同之处。对于说话者来说，想要成功吸引他人的注意，最直接的办法就是尽量让自己的观点论述有力、与众不同。

比如在公司内部会议上，第一个发言的人说出了一个不错的观点："我们不应该进军非洲市场，因为我们的产品在那儿根本没有人消费。"第二个人表示赞同，并进行补充："我觉得非洲那边的市场并不适合我们，事实上我们还必须重新评估那里的动荡局势，而这些风险并不是我们所能承受的。"第三个人表示赞同："我们可以将目光重新放到亚洲市场上来，尽管竞争很激烈，但是我们仍旧可以在现有的市场占有率基础上进行提升，而不是冒险开发一些不成熟的市场。"

在这个时候，前几位发言人的观点都差不多，基本上都是重复和补充，在这样的趋势下，后面的发言者说来说去无非就是依葫芦画瓢，根本说不出什么新鲜的话题和观点，因此听众也就容易失去兴趣和耐心。

如果此时有人站起来说："正因为非洲市场没人敢去，我们才要去试一试。"这样的发言完全与会议中的主流看法背道而驰，可以快速引起他人的关注。如果发言的人能够对自己的观点进行有力的论证，他无疑会成为会议的焦点。

事实上，以上三种方式都可以有效把握住他人的好奇心，关键还是要确保自己的谈话内容能给他人足够的想象空间，这样才能够在短时间内抓住听众的眼球。

2 注意肢体语言的配合

口语表达是一种最常见也最简单的表达方式，不过口头语言也有自身的局限性，在一些不方便开口说话或者一两句话说不清楚的场景中，口语表达的缺点会被放大，肢体语言就派上了用场。

最明显的例子是当他人正在讲话，而我们有想法，但是不方便开口打断他人的谈话时，通过对肢体语言的灵活运用，我们可以表达一些细微的情感和内心活动。有时恰当的肢体语言往往比口语表达更加有效，也更具内涵。

> 早在20世纪50年代，研究肢体语言的先锋人物阿尔伯特·麦拉宾就发现了一个奇特的现象，那就是在一条信息中，文字通常只能产生大约7%的影响力，而语音能够产生大约38%的影响力，其余大约55%的影响力则来自肢体语言。也就是说，当我们试图进行表达的时候，如果仅仅依靠语音和文字，倾听者常常连一半的信息都接收不到。为了让对方可以接收到更为完整的信息，我们还需要配合更丰富的肢体语言。

肢体语言往往也能表现一个人的心态和性格。在说话和表达的时候，我们要注意用恰当的肢体语言来配合自己的声音，其中主要包括眼神、手势、表情、站姿、走姿或者某些辅导工具的晃动。

1．眼神

都说眼睛是心灵的窗户，而眼神就是最微妙、最富有表现力的沟通语言，毕竟眼神不会欺骗人，它总是能够坦诚地表现出一个人内在的想法和情感。因此，当我们在表达的时候，一定要注意眼神的使用，不同的眼神往往会展示出不同的效果。

比如谈话时要看着对方的眼睛，这表示你在认真表达观点，而且对对方

很尊重。而双目无神会让你说的内容变得无趣，眯着眼睛会让倾听者觉得你看不起人，不停转动眼珠，意味着你可能改变主意或者又有了新的想法。

2. 手势

手势是表达个人想法和情感的一种方式。在身体的各个部分中，手的表达能力仅次于脸。不同的手势往往具有不同的含义，最简单的就是一些指示功能，比如用来表示具体的数目，用来描述事物的形态或者指定某个方向。

比如伸手时掌心向上表示请求、许诺，同时也表现出表达者谦逊的一面；双手手掌摊开，手指笔直，这是一种坦率的表示；挥动双手往往具有鼓舞人心的作用，容易带动对方的情绪；采用复式手势，这样就可以进一步强化情感的力量，从而进一步激发对方的情感；做出双手由分而合的手势，这样可以表达出亲密、团结、联合等期望，同时也可以向对方示好。

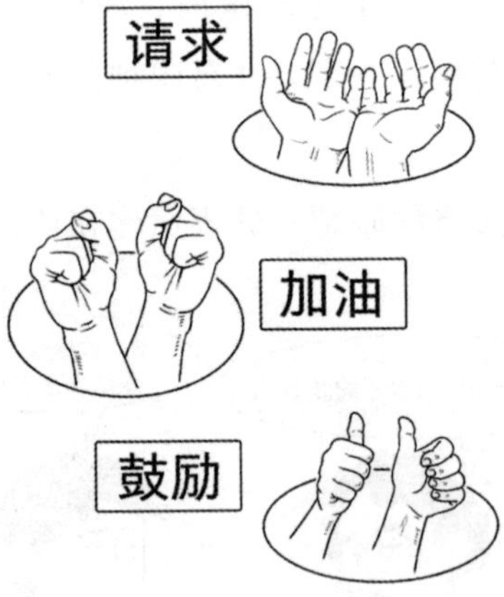

3. 微笑

微笑是最常见的一种表情，同时也是最具影响力的一种肢体语言，它可以有效传播个人的想法和情感。作为一个基本的交往符号，微笑是一种非常积极的、柔和的表达方式，在降低自身防备、缓和气氛、赢得好感等方面起到重要作用。当与陌生人交谈的时候，微笑可以拉近彼此之间的关系；当他人心情不佳时，微笑可以鼓舞人心；当交流出现分歧时，微笑可以有效缓和氛围；在发言的时候，保持微笑会让我们看上去更加自信。

4. 身体的触碰

在表达的过程中，有时我们还需要和他人发生互动，这种互动往往通过一些身体的触碰来完成。像握手、拍肩膀、抚摸脑袋、牵手、拍打背部等动作都是肢体触碰行为，它们是证明人与人之间的亲密度一种有效方式。

比如握手是一种非常常见的肢体触碰行为，它可以体现双方之间的平等和尊重。和陌生人开始交流时，可以单手握手，握手的时候，身子尽量微微弯曲，以示谦恭；如果对方是老熟人，那么可以紧握对方的手，以示尊重和亲密。

轻拍肩膀也是一个比较常见的方式，轻拍肩膀可以向他人传递一个信号：“我很欢迎你，而你完全可以保持放松。”从而有效缓解对方的防备心。

此外一些试探性的身体触碰对于我们了解他人内心想法也很有效果。比如当双方坐下时，可以用前臂或者膝盖轻轻触碰对方。如果对方不回避，就

可以明确知道对方愿意坐下来继续听自己说话。反之，对方可能是不太愿意沟通。

无论哪一种肢体语言，最重要的还是要用心去表达。一个优秀的表达者更应该是一个出色的舞台表演者，他不仅要展示出自己的语言天赋，还要懂得展示一系列绝妙的肢体动作，在悄无声息之间向倾听者传达自己的思想、感情和个性，从而让整场谈话变得更加真实、生动、有说服力。

3 善于借助他人之口来帮助自己说话

很多时候，我们想要表达自己的观点，并期待这些观点能够被大众接受，但是往往得不到他人的认可。在这个时候，最好的方法就是寻找一个说话有分量的人来充当代言人。

裕容龄被称为“中国现代舞的拓荒者”，由于父亲裕庚是清朝的外交官，她自小就有很多机会跟随父亲出使外国，这也让她接触了很多外国文化。她在跟着父亲出使日本期间，就喜欢上了日本的舞蹈，并且开始进入舞蹈学校学习，从而奠定了舞蹈基础。后来她又特意去往法国学习现代舞和芭蕾，还在欧洲进行表演，引起了很大的轰动。

从欧洲回国后，裕容龄开始在各个场合表演舞蹈给大家看，可是却遭到那些思想封闭的朝廷官员的指责，他们还嘲笑裕庚养出了一个“舞女”。裕庚听了心里很不舒服，裕容龄知道后也很无奈，但是她没有做任何辩解。

她知道自己人微言轻，根本不可能说服他人。最好的办法是让一个大人物替自己说话，而这个人就是慈禧太后。

为此，她经常和慈禧太后谈论西方艺术和舞蹈，在引起对方的兴趣后，她融合中西艺术，精心排练了《剑舞》和《扇子舞》，然后进宫表演给慈禧太后观看。慈禧太后看完之后非常开心，当场称赞说：“这是很好的舞蹈嘛，我很喜欢。”见到慈禧太后如此欣赏这些舞蹈，大臣们只好纷纷附和，再也没有人敢对裕容龄的舞蹈指指点点了。

在这里，裕容龄实际上使用了一个常见的说话技巧，那就是借助他人之口来说出自己想说的话。

通常情况下，这种方法适用于以下几种情况：

第一，有些话自己不方便直接开口说，比如，要求加工资，这个时候找第三方说话无疑会更加合适一些；第二，说话的人缺乏影响力，因此选择一个有权威、有地位的人帮忙说话，这会起到事半功倍的效果；第三，有些话不适合自己说，这个时候只能让更加合适的人来说。

无论是哪一种情况，实际上都体现出了个人的善用资源，《红楼梦》中说：“好风凭借力，送我上青云。”

借他人之口来说话，可以分成两种形式：

第一种是明确提出请求。当我们遇到一些比较棘手的事情时，可以主动请求那些有能力解决问题的人帮忙说话；当我们想要认识一些自己不太熟悉的人时，可以请求其他人帮忙引荐。

第二种是暗示和引导。当我们发现自己缺乏话语权且不具备影响他人的能力时，可以想办法借助他人为自己说话。不过，很多时候我们并不能直接

请求对方“你帮我说说话好吗？”尤其是考虑到一些比较敏感的话题，对方也不希望卷入立场之争，在这种情况下，我们要利用暗示和引导。

一个聪明的谈话者总是能够巧妙地表现自己，并试探性地询问他人“不知道我做得怎么样”“不知道我说得对不对”，当赢得他人的正面评价后，我们就可以将这种正面评价转述给自己想要说服的对象。获得的正面评价越多，我们在谈话中的说服力就会越强。

其实，无论是明说还是暗示，最重要的是谈话者一定要懂得为自己的立场和观点找到更多支持者，这样我们才能够确保自己不是势单力薄，才能确保自己的谈话更具说服力和影响力。

4 说话前先思考 10 秒钟

有学生问大哲学家苏格拉底："老师，我们该怎样说话？"苏格拉底想了想说："每个人在说话之前应该先准备好三个筛子。"

紧接着他分别对这三个筛子进行了解释：

第一个筛子是真实，也就是说每一个人在开口表达之前一定要

弄清楚这件事是否真实；第二个筛子是善意，我们在讲话时要带着善意，即便自己不认同他人的观点，说话的时候也要带着善意；第三个筛子是重要性，如果一件事不那么重要，那么就没有非说不可的必要了。换句话说，每个人都需要尊重和珍惜自己与他人交流的机会。

苏格拉底对学生的教诲，指出了一个问题，那就是在表达观点前要注意先在大脑中进行思考，以免“错”从口出。正如孔子所说：“敏于事而慎于言。”说话的时候，必须做到谨慎发言，谨慎地组织用词，确保自己不会表达不当。

在三国时期，曹操为了专心对付蜀国和东吴，准备与匈奴人进行和谈，双方都有意签订休战协定。

匈奴使者前来谈判时，曹操担心自己的形象不够威武，不足以震慑对方，于是就安排了一个非常高大威猛的将军去和谈，他自己则拿着刀立在一侧扮演起了侍卫，以便能够从旁观察情况。这一次的和谈非常顺利，双方很快达成了口头上的协定，但是多疑的曹操为了试探对方对自己的印象，于是就派人前去打探。

匈奴使者如实回答：“魏王的确雅望非常。”这句话原本只是一句客套话，但使者突然心血来潮，又补充了一句话：“然床头捉刀人，此乃英雄也。”

曹操很快派人诛杀了那个使者。很多人对此非常不解，但实际上使者的话触犯了两个禁忌：首先，他间接说破了曹操的安排，这让自大的曹操没法接受；其次，一个侍卫如果比魏王还要更有魅力，那么无疑证明了魏王是一个无用的人，这样就会被匈奴人看轻。正因为这两点，让曹操动了杀机。

牛津大学的心理学家洛克教授分享了一个自我克制的小技巧，那就是在说话之前尽量先将那些要说的话放在脑中思考 10 秒钟，利用这点时间重新审核与组织语言，避免出现较大的漏洞。实际上，这 10 秒钟不仅可以让我们变得更加理性，也能给他人留下一个更好的印象——“我的每一次谈话都是经过认真思考，且对他人负责的。”

洛克教授还对那些没有思考习惯的人提出了几条建议：

1. 不要抢着说话

当我们想到一个好点子的时候，最重要的不是抢在他人之前说出来，而是要尽量确保这句话不会出错。即便是一个率先表达出来的观点，如果它是错误的，也毫无意义。无论遇到何种情况，都不要盲目抢先表达，与速度相比，正确性与合理性才是追求的重点。

2. 察言观色，了解他人的禁忌

在谈话中，为了避免说错话或者得罪他人，最好的方法就是察言观色，了解他人不喜欢说些什么话题。通过观察，我们可以更加巧妙地躲避一些禁忌，防止说一些让人扫兴或者不悦的话。

我们可以通过观察他人的表情，了解对方对于这个话题的反应，从而判断是否应该继续谈论这个话题。

3．重要场合，不要着急表达

在一些重要场合，我们的发言会被无限放大，因此我们必须保持足够谨慎的姿态．想办法组织好自己的语言，尽可能做到不出错。为此我们有必要放慢谈话的速度，克制自己表达的欲望，这种克制会给我们争取更多组织语言的时间。

4．尊重每一次的表达机会

我们经常很随意地把话说出口，是因为我们习惯了这种表达方式，或者以为自己的话未必会给他人造成什么不良影响。其实，只要发生了沟通行为，我们的一言一行也会对他人产生影响。因此，从一开始，我们就应该端正态度，尊重和珍惜每一次的表达机会，认真对待自己说出来的每一句话。

5 顺势追问，避免冷场

在日常生活中，我们经常会遇见许多非常健谈的人，他们总是想办法同你分享自己的经历。比起他人倾听自己谈话，他们更希望有人能够在倾听的同时与自己进行互动，他们需要在互动中来进一步展示自己的思想、立场或者价值观。

因此，倾听者的任务并不是保持沉默，长久的沉默反而会让话题过早地结束。如果我们能够找到一种将谈话继续深入下去的技巧，那么我们将会在人际交往中赢得更多的尊重，也更容易受到他人的欢迎。

某个投资人受邀参加一场宴会。由于他是一个不怎么喜欢说话的人，便像往常一样躲在角落里喝酒。

当时有个企业家因为公司运营出现了问题而感到苦恼，当他看到投资人也独自一人喝酒时，就靠了过来。企业家聊起了自己的窘况，投资人则谈起了自己的祖父曾经在费城的经历。

在投资人讲述的过程中，企业家还不时地追问："你的祖父也是费城人？""对不起，你刚才提到的那家农场，难道是你家里的祖产？""你祖父现在还健在吗？"由于对方善于顺着投资人的谈话追问，双方便越聊越多，越聊越深。

两个人聊了一个半小时左右。这时候宴会也散场了，企业家准备回家，没想到被投资人一把抓住："谢谢你能听我说那么多话，你是我见过的最棒的倾听者。你刚才说的那些问题，也许我可以帮你解决。"后来，投资人利用手中的人脉资源，成功帮助企业家解决了危机。

提到顺势追问的技巧，某演说家曾经讲演过一个专题。在讲演中，他提到了几种比较常见的延时方法，其中一种就是追问。

不过在他看来，追问并不是简单地提问，而需要经过巧妙的设计。比如当对方提到某件事情的时候，我们可以针对性地提出一些简单问题，以便了解这件事的相关信息。比如当话题开始展开的时候，我们可以对对方没有交代清楚的时间、地点、人物、环境、原因、结果等内容进行追问。通过具有针对性的追问，可以确保谈话被扩张得更加充分和完整。

当然，合理的追问需要设置一些更好的环节来起到活跃气氛和延续谈话的效果，尽管我们对谈话内容不感兴趣，但是至少要表现出积极迎合的态度："我对你说的东西感兴趣，我愿意倾听你的谈话。"

那么这些追问该如何进行设置呢？

通常情况下，我们可以在对方说完一句话后，适时地追问刚才所说的话中的关键信息，这种追问往往可以让对方觉得你在认真听。

比如对谈话者提到的某个人物、某个地方、某个时间段进行追问："你刚才说的是谁？""哪个地方？""你们什么时候认识的？"

除此之外，还可以通过一些表示惊讶的语气进行追问，比如我们可以在对方表达完某个意思之后做出回应："真是不可思议，怎么会这样呢？"这种追问的形式往往需要借助表情的变化以及语调的调整，这样我们就可以更加生动地表现出自己的态度：你的谈话内容真的与众不同，让我觉得非常惊讶且有意思。

除了惊讶的语气，我们还可以尝试和对方做深入交流。这种交流主要建立在一种出色的技巧上，比如主动询问对方“刚才的话你可以说得更加详细一些吗？”“你说的那个人他后来怎么样了？”“为什么会出现这样的情况？”这些都是非常巧妙、有效的沟通方式。

事实上，谈话过程中，总有一些细节会被遗漏，我们所要做的就是抓住这些细节，多问几个为什么。这样会让对方觉得你不仅认真倾听，而且对相关的信息和内容进行了深入的分析和思考，这正是他们乐于看到的。

第七章

把话说得滴水不漏

1. 没有说错话的老板，只有不会说话的员工
2. 承诺太多反而会失真
3. 正话有时候也要反过来说
4. 尽量避免命令式的语气与口吻
5. 注重沟通中的互动交流

1 没有说错话的老板，只有不会说话的员工

雅虎公司的部门经理韦尔奇先生多年来从未受过老板的批评，因此成为业内“好下属”的代言人。有人向他请教多年来受到老板重用的秘诀，他这样说道：“我的老板经常会说错话，但是从某种程度上来说，老板是不会犯错的，关键在于我们如何看待老板所犯下的错误。”

很多人对这句话一直不太理解，但是有过职场经验的人能够明白其中的奥妙，那就是永远不要当面去纠正和谈论老板的错误。

据说，慈禧太后喜欢听戏，经常会邀请一些戏曲名家入宫唱戏。有一次，戏曲演员杨小楼入宫给她唱戏，事后慈禧太后非常高兴，便给杨小楼题了一幅“福”字。不料，她一时大意，将“示”字旁写成了“衣”字旁。杨小楼接过来后一看顿时感到左右为难，如果直接指出这个错误，在大庭广众之下肯定会折了慈禧太后的面子，弄不好还会惹太后生气；可是如果不说的话，一旦这个错字被其他人看到，可能会让慈禧太后名声扫地。

此时，慈禧太后也意识到自己写错了字，可是她又不能直接将送出去的字要回来再改。慈禧太后焦躁不安，不知道该怎么办。

见此情景，太监总管李莲英立即站了出来，打了个圆场：“老佛爷之福，比世上任何人都要多出一点呀！”杨小楼立即明白了其中的意思，于是也顺势跪下，并说道：“老佛爷福多，这万人之上之福，奴才怎么敢领呢！”两人一唱一和，给了慈禧太后台阶下，也将一场即将出现的尴尬事件消弭于无形。于是，慈禧太后顺势收回了这个赐出去的错字，并且额外重赏了李莲英和杨小楼。

在这个故事当中，李莲英和杨小楼聪明地给慈禧太后的错误做了一个看似合理的解释，从而化解了尴尬。

其实，在工作过程中，我们的老板会在不经意间犯下一些比较明显的错误。在面对这些错误时，我们究竟是该直言相告，还是该隐晦地进行提醒呢？

一个聪明的员工是不会直接指出老板的错误的，而是会巧妙地进行掩饰和提醒，确保老板不会陷入尴尬之中。那么具体应该怎样实践呢？

1．合理进行圆场

当老板犯错的时候，下属们可以对这些错误进行另类的解释，以便将不利因素转化为有利因素，从而给老板找到台阶下。

在某一次企业家峰会上，有家公司的老板因为没有看见座位上的名字而任意选了一个嘉宾席坐下。当这个位置的嘉宾出现在座位面前时，他才意识到自己坐错了位置。

为了避免让这位嘉宾误以为自己的老板故意不遵守位置排序的规则，身边的私人秘书立即客客气气地说道："您就是 ××× 先生

吧，我们老板在这里等您多时了，他经常听人谈起您，所以一直想和您见个面。”这话一说出口不仅立即化解了尴尬，还让对方觉得受宠若惊，气氛很快活跃起来。

2．主动将错误揽到自己身上

如果老板犯下的错误一时半会儿难以合理解决，可以将这些错误从老板身上转到自己身上，从而保证老板不会因为这些错误而形象受损。“奋不顾身”承担错误的行为也有利于赢得老板的感激和信任。

某公司在招聘新员工之后，老板给新员工召开了一次小型见面会。在会议上，他认为有必要和员工进一步认识。于是决定进行点名，加深自己的印象。当点到“张兀”的时候，由于老板没看清楚，随口念成了“张元”。此时，一个新员工怯生生地站起来说：“我叫张兀。”一看自己念错了字，老板一下子陷入尴尬的境地。这个时候，旁边的主管不好意思地对老板说：“对不起，是我写错了，写的时候在上面多写了一笔。”话说出口后，老板的尴尬表情才有所缓和。

3．选择直接忽视

对于老板来说，他们并不能够做到面面俱到，因此在很多时候不免会犯下一些错误。如果这些错误只是一些细节性的瑕疵，并不会影响大局，下属们没有必要直接指出。

比如有的老板会在会议中报错公司的员工人数，会说错一些常用的成语，会在聊天的时候出现一些习惯性的口误，这些小问题并不是什么大错，也根本不会对交流造成太大的影响，下属在这种情况下没有必要直接提醒，选择性忽视才是最好的方法。比如员工 A 对员工 B 说：“那不是别墅（shù）吗？”员工 B：“别指出，给老板点面子。成大事者不拘小节。”

4．进行巧妙的暗示

当老板犯的错误很有可能会产生一些负面的影响时，这时候下属需要及时提醒他改正过来，但是直接指出错误显然不合理，因此最好的办法就是暗示或者提醒。

戴尔公司的负责人凯文曾经拿了一份重要的文件交给总裁戴尔签字，可是戴尔在第二天忘了这件事。凯文迟迟不见戴尔将签好的文件拿给自己，很快意识到对方可能忘记了这件事，就去总裁办公室找戴尔。

当然他并没有直接问对方："您昨天给我签字没有，我想你大概忘记了吧！这份文件很重要。"而是巧妙地进行了暗示："昨天您有没有让我提交一份文件，老实说我现在找不到它在哪儿了。"戴尔听到这句话后立即想起来昨天忘了签字的事情，于是立即拿出文件签字，然后将其交给凯文。

除了以上几种常用的方法之外，一个聪明的员工还可以找到其他说话的方式让这些错误消失于无形。当然，无论采用哪一种方法，员工都需要坚持一个基本原则，那就是尽量不要让这些错误成为制造尴尬的罪魁祸首。

所以，对于员工来说，必须时刻保持清醒的头脑和随机应变的能力，要明白职场文化中最大的一个潜规则：没有说错话的老板，只有不会说话的员工；没有犯错的老板，只有不懂得解决问题的员工。

2 承诺太多反而会失真

国内某大学曾经做过一个有关承诺的调研，发现正常朋友之间的许诺率是 30% 左右，也就是说，你向朋友请求帮忙的事情只有 30% 会得到对方的许诺。至于其他 70% 的事情，有些会被朋友直接拒绝，有些是对方需要思考后才能决定的。

那些喜欢给他人承诺的人的许诺率可能高达 80% 甚至是 90% 以上，而这种高许诺率所带来的直接结果就是低践行率。也就是说，当一个人承诺得越多越轻易，往往越难以实现自己的承诺。

比如，在酒桌上，经常有一些人会夸下海口说要做什么事情。这些话往往会让酒桌上的气氛融洽，但是承诺者很快就会忘掉这件事。

我们在工作中往往也会遇到这样的人。比如有些老板为了笼络人心，一开始就会对员工许下各种诺言，“我会给你们涨工资”“我会给那些老员工更多的福利和奖金”“我会不定期提拔那些有贡献的员工”……可是实践的时候，老板总是一拖再拖。

老子说：“轻诺则必寡信。”当一个人习惯性地做出承诺时，反而会因为说话不够严谨、态度不够真诚而不被人信任。

有家社交研究机构就曾询问了几百位受访者，发现喜欢轻易许诺但从不做到的朋友排在了“最招憎恨的朋友”的第二位，仅次于那些善于“背叛”的

朋友。从这个排名中就可以看出，很多人都非常重视守承诺，一旦有人不守承诺，就会在社交圈中遭到排挤。

美国一家服装公司的总裁，他在创业的第一天就召开会议，并当众承诺将来要给那些老员工增加奖金，要尽量给那些优秀员工提供住房，并且许诺等公司上市后给予股份。五年之后，公司顺利上市，可是老员工的奖金并没有得到提高；优秀员工虽然年年评选，

但是他们并没有获得太多实际的奖励，所谓的住房和股份几乎也没有落实到位。

后来，在工作中，该总裁又相继承诺各种福利措施，比如承诺减少员工的工作时间，承诺安排员工外出旅游，承诺在厂区建造一个学校，但是最后什么都没实现。

就这样，该总裁失尽人心，很快他的公司就破产了。

法国心理学家皮埃尔认为，愉快交谈是人际关系的第一重升华，承诺是人际关系的第二重升华，兑现诺言是第三重升华。法国著名的作家巴尔扎克也说过："如果你想要成为一个有出息的人，那就把诺言视为第二宗教，遵守诺言就像保卫荣誉一样重要。"

那么，我们该怎样去做出承诺，又该怎样慎重地对待自己的每一个承诺呢？

首先，要拒绝答应那些没有经过认真思考的事情。没有经过认真思考和分析的事情，我们通常无法判断自己是否适合去做这些事，做这些事是否会对自己的生活或者工作造成影响。想要避免陷入麻烦，我们就不要轻易答应他人的请求，以免后续因为进退两难而失信于人。

其次，要拒绝"场面话"式的承诺。场面话更多的时候只是一种客气的表示，实际上并非我们心甘情愿想要去做的事情。正因为如此，我们在应对这类情况时一定要谨慎，千万不要图一时口快就承诺他人什么，以免给自己挖坑。

再次，不要因为感情用事而做出承诺。我们在很多时候容易动了感情而轻易做出承诺，其实这种承诺并不理智，一旦我们的感情平复之后就可能会因为自己的承诺而后悔。为了避免让自己成为一个只说不做的人，我们在做出承诺之前一定要三思而后行，尽量不要被一时的感情所影响。

最后，不愿意做的事情，不要轻易许诺。在很多时候，如果我们不想做

某事，那么就不要轻易答应他人，这样对自己对他人都是一种尊重。

对于任何一个人来说，诺言都是正式的、严肃的、神圣的，每一个人都必须谨慎对待自己的诺言。只有严格把控好承诺，我们才能够更好地树立一个讲诚信的形象，才能赢得他人的信任。

3 正话有时候也要反过来说

春秋时期，齐景公喜欢养鸟。一次，一只宠物鸟不见了，愤怒的他就想杀掉养鸟的人。大臣们替养鸟人求情，却被训斥了一通。晏子虽然不赞同齐景公的做法，还是在朝堂上指出了养鸟人的三大死罪：第一，大王让他养鸟，但是鸟却飞走了；第二，大王因为一只小鸟生气，甚至为此动怒杀人而气坏了身体；第三，大王因为杀人而背负了不仁不义之名。这三句话虽然句句指责养鸟人的不是，

但都在暗示齐景公的做法不合理。最终齐景公羞愧地免除了养鸟人的死罪。

我们如果对晏子的话进行分析，就可以发现他使用了正话反说的方式来表达自己的观点。这种方法在很多时候往往比直接提出自己的观点更加有效，尤其是当对方对直接表达的观点感到反感时，正话反说更容易通过反向逻辑和逆向思维促使当事人意识到问题的严重性。

从心理学的角度来说，说反话实际上是一种诱导和刺激机制。这种诱导机制在日常生活中用途很广。比如，当我们想要某个人挑战一件难度比较大的事情时，正面的鼓励难以产生说服力，如果改变策略，讽刺对方是一个胆小鬼，绝对不敢做这件事，那么对方反而有可能在刺激下主动去做这件事。

正话反说在一些时候会具备很大的沟通优势。有位心理学家曾经做过一项关于“说反话”的研究，他认为，人与人之间最初的相处模式大都是相互对抗的（这是个人自我保护意识的一种直观反映）。所以当一方提出某种想法时，另一方的反应通常是漠不关心，或者在内心予以否认。在这种情况下，正面的劝说往往并不能让对方妥协，反而会将相互之间的隔阂进一步表现出来。

正话反说则有效解决了这个问题。正话反说虽然带有一定的迎合性，但是本质上是一种反向的暗示，说话者通常会先肯定对方的观点，然后从对方的思路出发，采取逐步递进的原则，慢慢找出对方想法中的破绽，并将其慢慢放大，让对方也意识到自己的问题。

当然，为了达到更好的沟通效果，说话者必须对自己所说的反话进行合理设计，并巧妙地安排好每一个步骤。

该心理学家对正话反说的方式进行了总结，提出了相关的模式和顺序：假装迎合→深度剖析→引出问题→放大错误。

假装迎合是打消对方顾虑的重要步骤，可以通过表面上的迎合，为双方的顺利交流定下基调，以此来确保对方对说话者的话感兴趣。

深度剖析是第二个步骤，说话者在顺着对方的意思提出观点（反话）之后，对这些观点进行深入分析。简单来说，就是运用推理的方法来寻找更多支撑性的理由，或者对这个观点进行延伸。而事实上，这些理由和延伸的内容往往都不够严谨，说话者会想方设法在分析的过程中找到破绽。

说话者可以引导对方发现破绽，让对方意识到自己观点中存在的矛盾，从而慢慢发生动摇。一旦对方出现动摇，说话者可以乘势追击，将对方思想观点中的问题和错误进一步放大。通常来说，放大错误主要是对引出的问题进行延伸和渲染，扩大错误的负面影响，从而进一步引导对方放弃错误的理念。

这里的逻辑递进比较明确，并突出重点，比如晏子在劝说齐景公时，重点提到的是因鸟杀人而背负“不仁不义”的恶名，这对齐景公来说无疑是不可接受的，所以他很快意识到了自己的错误。

在整个过程中，说话者一定要保持耐心，绝对不能操之过急，只有慢慢引出问题，才能够让对方心悦诚服地意识到错误。有人说过：“如果你试图一上来就针锋相对，指出他人的错误，那么哪怕是再好的观点也会被人嗤之以鼻。”这句话很有道理，在试图说服与自己观点不同的人时，一定要运用合理的方法，不能强势地用自己的观点来压制他人的观点。

4 尽量避免命令式的语气与口吻

张伍生曾经出过很多关于编辑工作的书籍，也开办过编辑培训班。退休后，他并没有完全放弃自己的编辑工作，只要有人上门求助，他都会热心帮忙。

有一次，一个学生上门拜访，希望张伍生老先生可以帮忙校对一篇稿子。在简单介绍完校对要求之后，这个学生急匆匆地离开，

然后留下了一句话："我明天来取，你必须今天晚上弄完。"

这句话让老先生听了很不舒服，尽管那一次他还是信守承诺帮忙完成了校对工作，但是当那个学生第二次求助时，他干脆避而不见。

在日常交流中，我们也常常会犯那个学生所犯的错误，无论是求人办事，还是托人办事，我们可能都没有意识到自己说话的方式正在打消他人的积极性。

我们有时候会无意识地说出这样的话："我要求你必须这么做""你必须这么做""你只能这么做"，或者"明天必须给我一个结果"。说者无心，但是对于倾听者来说，一些类似于"必须""一定""要求"之类的词汇往往包含一定的强迫性，这会让他们感到自己没有获得应有的尊重。

大多数人都希望能够平等地和他人交流，而当交流中的一方采用命令式的语气时，这种平等的局面就会被打破，被迫处于弱势的另一方会采取消极的反应。

谈话者如果希望自己的请求能够被人应允，至少应该采取谦卑、温和的说话态度，这种态度不仅仅体现在表情上，还体现在一些说话的细节，尤其

是措辞上。

比如，可以运用一些更加谦卑礼貌的词汇，像“请”“希望”“恳求”就是非常合适的措辞。“请您帮我开一下门好吗？”“我希望大家可以帮我解决这个问题”“这件事有点棘手，所以希望您多费费心”。

李·艾柯卡在接手濒临破产的克莱斯勒公司时，面临着很多管理问题，其中最严重的就是那些中层管理人员不听从指挥，常常会对抗上级，而这也是克莱斯勒经常更换总裁的原因。为了稳住这些中层管理人员，李·艾柯卡从一开始就放下自己的身段，每次下达指令的时候，都会说一个“请”字，从来不会直接安排他人必须完成某项工作。

正是因为足够礼貌，他的管理也更加人性化，大家最终认可了他的地位，并且认真执行他下达的命令。最终李·艾柯卡带领克莱斯勒重新崛起。

有时候通过提问来发出请求和邀请，也是一种比较合适的表达方式。比如，我们可以先试探性地征求对方的意见：“不知道这件事，你能不能做？”“你可以帮我解决一下这个问题吗？”“这个问题有点复杂，不知道你以前接触过没有？”这些试探性的、请求性的询问，往往比较诚实和谦卑，并不会对他人造成压迫感，所以对方一旦具备解决问题的能力，往往不会拒绝。

需要注意的是，在与人交谈或者是商讨某件事或者某个方案时，即便自己的观点是正确的，也不能强制要求对方按照自己的想法去做，最好还是用商量的口吻说话，“可不可以先按我的意见行事”“你觉得我的想法怎么样？会不会更好一些呢？”“你不妨暂时按照我的想法去做，之后再看看具体情况。”

比如，在谷歌公司，上级在和员工进行沟通交流的时候，往往不会强硬地下达什么命令，也不会轻易否定员工的想法和建议。当他们觉得有必要按照某种方式去工作的时候，会以商量的口吻说：“好吧，现在我们有很多想法，也有很多事情要做，但我觉得最好还是先这样去做，不知道你们有什么看法，是不是同意这么做。”有时候员工可能会提出更好的建议，但是多数情况下他们都会积极地按照上级指示完成任务。

现在，越来越多的企业管理者注重人性化的管理方式。他们更愿意采取温和、有弹性的方式来引导员工，而不是千篇一律地下达指令，“你必须给我完成这项任务”或者“你最好立刻去做，我要在晚上之前见到结果”。在很多时候，管理者也会采取商量的、正面激励的口吻说话：“我希望大家能够继续努力，争取在 ××（时间）之前完成工作。”这种人性化的管理方式无疑更让人感到舒服。

5 注重沟通中的互动交流

有人向某个演说家提出了一个问题："什么样的演说最有效率？"演说家想了想说："并没有哪一种固定的方式可以说是最好的，但我觉得这个世界上的一切交流都是双向的，因此一些互动性的交流应该更具效率一些。"

而在此之前，另一位演说家就提出过一个类似的观点："再高明的演说家也不能一个人在台上自说自话，好的演说并不是一出个人的独角戏，而是一个相互交流的过程。"

首先，互动交流可以有效避免冷场。比如，很多谈话者只顾发表自己的观点，但是从来没有想过一旦某一个人长期占据话语权，其他人就会慢慢对这个话题失去兴趣，最终可能会遭遇冷场。

其次，互动交流是确保相互了解的基础。任何时候单向的交流都会带来一个问题，那就是“自我倾向性”。毕竟表达如果缺乏互动性，只有个人的自说自话，整个交流就会流于表面。所有的谈话者都不过是说了自己想说的话而已，这对于如何说服他人，甚至赢得他人的信任毫无帮助，对这些话题的深入也毫无帮助。那么如何才能做到互动交流呢？

1. 多设置提问

成熟的交流者总是明白“提问是一种比较万能的促进交流的方式”，对于那些想要将自己与对方紧紧维系在一起，或者渴望让对方对自己的谈话感兴趣的谈话者来说，他们会经常对倾听者进行提问。

某位导师颇受哈佛学生的热爱和追捧，原因非常简单，因为他非常善于调动大家的听课热情，还经常设置很多问题让学生参与讨论。

比如，在讲到某个研究课题的时候，他往往会问学生“你怎么看待这个问题？”“如果是你，你会怎么做？”“这些事情会不会有什么其他的解决方案？”。这些问题很好地将学生们的思维紧紧维系在话题上，并且保证了师生之间的沟通。

2. 引导性的话

擅长交流的人善于引导他人说出自己的想法，而在想办法让对方开口说话这件事上，他们的做法通常不是直接邀请对方谈论话题，而是采取一些具有引导意味的方式。比如，有的管理者为了让员工能够提出好的意见，会故意采取激将法："看来没有人能够给出什么好意见了""看来我们只能安于现状了"。

激将法是一种非常常见的引导方式，而另外一种引导方式也比较常见，那就是主动让其他人说出一些大家都熟知的事情。比如，很多人在提到某件事的执行步骤或者方案时，会先说出其中的一部分内容，然后再试图让其他人说出下面的那一部分内容，因此他们经常会说："好吧，接下来，我们该做的事情是……"这种只说一半的话，往往可以激发其他人的配合意愿。

其实，除了以上这两种比较常见的交流方法之外，很多谈话者在表达之后会要求倾听者进行提问，而自己则负责回答问题，从而实现角色的转换。这样的转换可以有效确保倾听者及时参与到谈话中来，而且能够帮助倾听者更好地理解谈话中的那些信息。

无论是哪一种方法，本质上都是为了确保双方可以针对某一个话题产生“你来我往”的互动，所以只要能够保证交谈双方可以针对某一个话题进行探讨，这样的沟通方式就是健康的、合理的、可持续的。

第八章

成为交际达人

1. 聪明人不妨说一点糊涂话
2. 以柔克刚的说话艺术
3. 以退为进说服他人
4. 谦卑的说话之道
5. 自然朴素的语言魅力
6. 保持你的个性

1 聪明人不妨说一点糊涂话

有人问清代画家郑板桥："做人的最高境界是什么？"郑板桥想了想，于是在扇子上写上"难得糊涂"四个字，紧接着他还对这四个字进行了解释："聪明难，糊涂难，由聪明转入糊涂更难。放一着，退一步，当下心安，非图后来福报也。"

在郑板桥看来，做人就要懂得装糊涂，尤其是那些聪明人更要懂得假装糊涂，要在人前表现出笨拙、糊涂的一面，这才是真正的大智慧。

在《三国演义》中，智慧超群的能人很多，诸葛亮聪明过人，曹孟德智勇双全，周公瑾谋略一流，但是他们的聪明锋芒毕露，因此处处遭人防备。

与这些聪明人相比，东吴的鲁肃看起来只是一个大脑反应迟钝且不怎么会说话的忠厚之人，但实际上忠厚老实只是他的人设，真正的鲁肃是一个装糊涂的高手。

比如，在邀请刘备一同对抗曹操的时候，他就已经知道了诸葛亮的计谋，只不过故意装糊涂，还在言语上示弱。在与周瑜商议是否要联合蜀军抗曹的时候，也是假装自己很笨，什么重要的话都让周瑜说了出来。

从表面上看，诸葛亮和周瑜都要比鲁肃更加聪明，但实际上，鲁肃只是更加会隐藏自己罢了。他知道有些话不能说，有些小聪明不可表现出来，因此可以自如地在两个聪明人之间周旋，从而促进了东吴和蜀国的联盟。

事实上，鲁肃的才华不比周瑜、诸葛亮等人差。根据历史记载，鲁肃也曾向孙权提出类似于三足鼎立的策略，这与诸葛亮的想法几乎如出一辙。而周瑜也知道鲁肃是个聪明人，于是死前向孙权极力推荐鲁肃当都督。

其实，多数人都希望展示自己聪明的一面，但事实上相比于聪明，揣着明白装糊涂更是一种难得的智慧。与那些轻易表现聪明才智的人相比，假装糊涂的人往往更能够保护自己。

那么在与人交流的时候该如何假装糊涂呢？一般情况下，我们可以掌握一些基本的说话技巧。

1. 故作无知

想要让自己看起来更加糊涂一些，最好的方法就是故意在言谈中显示自己的无知，比如大家在讨论某个问题时，很多人都会快速说出答案，我们可以多问几句：“这是为什么呀？”“这句话到底是什么意思，怎么我还是没听明白呢？”

2. 适当地说错话

为了假装糊涂，有时候适当地主动说错话、故意说错话显得很有必要。比如故意对一个简单的问题进行曲解，故意给出一个错误的答案，或者故意说出一个不合理的方案，这些都是自我伪装的好办法。

3. 给自己找缺点

一般人都会想办法将自己的优点展示出来，而隐藏自己的缺点。不过对于假装糊涂的人来说则要反其道而行，他们会主动在他人面前进行一些无伤大雅的自我贬损。这种自我贬损的行为有利于营造亲和感。

多数人都认为自己说了越多的聪明话，就越讨人喜欢。但很多时候，当我们说出那些自以为漂亮和聪明的话时，可能会引起他人的戒备和反感，而且还可能会招来一些不必要的麻烦。其实真正的聪明应该是一种掩饰，而不是一种张扬。

2 以柔克刚的说话艺术

明末，松山大战后，大将洪承畴被俘虏。皇太极非常欣赏洪承畴的才能，于是有意劝降，可是洪承畴面对各种威逼利诱，始终不为所动，甚至在狱中绝食相抗，皇太极对此毫无办法。

当时皇太极的妃子庄妃得知这个消息后，主动请求去监狱里劝说洪承畴。第二天，庄妃就化装成一名丫鬟来探监。洪承畴一直都面对墙壁坐着，默默流泪。无论他人怎么叫他，他都不转身，也不说话。

庄妃于是非常温柔地说道："我早就听说过将军的威名，实在不忍心看到您这样的英雄人物在监狱中绝食而亡。为了让您死得更有尊严一些，我给您带来了一些毒药。"

洪承畴愣了一下，于是转过身。庄妃这时候将带来的人参汤一点点喂到他的嘴里，然后温柔地进行劝导："一个人想要死非常容易，但为什么不能做一些更有意义的事情呢？将军是一个盖世英雄，如果饿死在监狱里实在太可惜了。"庄妃的话说得轻柔而温暖，让洪承畴觉得心头一热。

接下来，庄妃又不断加以劝导，洪承畴忍不住慢慢打开了心结。庄妃见时机成熟，于是说出了自己是皇太极妃子的身份。这让洪承畴不胜惶恐，他万万没有想到清王朝的妃子也如此有见识和格局，于是向清王朝投降了。

洪承畴个性刚强，最终还是被女性的温柔劝导给打动了，这是典型的以柔克刚。

事实上，以柔克刚是一种非常有效的交际方式和处事技巧。

老子说上善若水，一个聪明的沟通者就应该像水一样展示出最柔和的一面，尤其是在交谈双方出现尖锐的对立冲突时，更需要放下强势回击的姿态，主动采取一种更加柔和的交际方式来处理彼此之间的矛盾。在家庭生活中，那些性格强势的人往往无法处理好夫妻之间的关系，而言行举止比较温柔的人，往往可以更好地“管理”另一半。

其实，柔是一个富有内涵的概念，能够成功地运用柔和的言语来说服他人，往往对个人社交关系的拓展、生活和工作的稳定起到很大的作用。

在一般条件下，在运用以柔克刚的方法说话时，还是应该把握以下几个原则：

1. 保持低姿态

对于那些主张以柔克刚的人来说，首先要懂得降低姿态与对方进行交流，这样容易让对方放下戒备。

比如在讨论问题之前，可以谦卑地说："您在这方面了解的东西比我多，我只是略知皮毛，姑妄言之"或者说"我希望可以向您请教一下"；在开口表达之前，可以说"我希望您能够针对我的观点和想法给出一些指导性的意见"。

2. 保持弹性

由于每个人的想法不一样，因此想要完全保证立场的一致比较困难。针对这种情况，矛盾双方最应该做的就是要尽量确保言语上的弹性，千万不要把话说得太绝对。

"你必须这么做""我绝对不会同意的""这事根本没得商量"之类的话很容易破坏交流氛围，一下子就将话题推到死胡同里去。如果我们保持弹性，说一些类似于"凡事都有商量的余地"之类的话，就可以有效地缓和对方强硬的语气和态度。

3．淡化分歧

我们需要在谈话中尽量规避那些更容易产生分歧的话题，多寻找一些共性的东西。

比如丈夫喜欢吃面条，妻子喜欢吃牛排，为了说服妻子去吃面条，丈夫如果说：“牛排有什么好吃的，还是吃面条吧。”这样的话显然会让妻子感到不舒服，将饮食方面的分歧放到台面上来说会破坏沟通的氛围。丈夫可以这样说：“要么我们去吃烧烤吧，好像我们俩已经好久没有去吃了。”通过去吃双方都爱吃的烧烤，成功转移风险，及时消除双方之间的矛盾冲突。

4．提出暗示

在很多时候，直接提出意见或者建议可能会让他人感到不舒服，甚至会认为你在挑衅。为了避免发生冲突，我们在指出他人不合理的言行时，千万不要直接提出反对意见，而是要想办法进行暗示。

比如，当老板决定将产品销往某个市场时，员工认为这个市场毫无潜力和盈利空间，因此决定劝说老板打消这个念头，那么员工该怎样进行劝说呢？

直接告诉老板“你的决定是错误的”，这样的方法显然行不通。最有效的规劝办法就是进行暗示。比如，员工可以这样说：“您说的这个地方我知道，我曾在那儿工作过一段时间，那里的人可不像我们这里，几乎很少购物，民众的消费水平比我们这里最起码落后十五年。”很显然，一旦老板听说这个地方的购买力低下，就会意识到自己的决策可能是错误的，从而改变计划。

一般情况下，我们可以采取以上几种方法来表达自己的观点。除此之外，我们还可以针对具体情况做出调整，而无论采用什么方法，核心原则都是尽量避免强强对抗。

3 以退为进说服他人

有个年轻人向成功学大师拿破仑·希尔诉苦："为什么我总是没有办法说服他人，尽管我掌握的知识更加丰富，观点更加合理，论证也更加充分，但对方就是不赞同我的想法。请问有没有一种方法能够更好地说服那些反对者呢？"拿破仑·希尔想了想说："最简单的方法就是先认同对方的观点。"

乍一听起来，大家都会觉得拿破仑·希尔把话说反了，想要说服他人，尤其是那些观点和自己截然相反的人，最应该做的不是要想办法从对方的观点中找出破绽，并针对这些破绽予以反驳和争辩吗？为什么拿破仑·希尔要反其道而行呢？

其实想要了解这一点，可以看一看作家吉拉德·黎仁柏在《进入他人的

内心世界》一书中所说的一段话："把他人的观点和感受与你自己的观点和感受置于相同的位置，并把它表现出来，谈话才会有融洽的气氛。当你在听他人谈话时，根据对方的意思准备自己要说的话，由于你理解和认同了对方的观点，他也会理解和认同你的观点。"

在吉拉德·黎仁柏看来，适度迎合他人的观点，是说服他人的前提。这段谈话很好地解释了拿破仑·希尔的观点，即我们在试图说服他人的时候，不要总想着"我比对方了解更多""我的话更有道理""我的想法更加合理"，而应该掌握一些更为巧妙的沟通方法，要懂得先迎合、先妥协。

这种表达方法其实和著名的欧弗斯托法则有异曲同工之妙。英国心理学家欧弗斯托认为要想成功说服他人，一开始便确保对方不产生反感是非常关键的。通常的做法就是认同在先，说服在后。

在这个过程中，"退让"是第一步，也是最重要的一步，它直接为后面的说服奠定了基础。那么怎样才能更为自然地在言语上"退让"呢？主要有以下几种方法：

1．适当赞同对方的观点

所谓适当赞同实际上就是指部分赞同而不是完全意义上的赞同，比如可以就对方谈话中的某一个片段做出肯定性的评论："我认为你刚才说的那一点非常正确""你对于 ××× 的第三条建议非常棒""你后面那一段话非常到

位”，或者可以这样说“换一个角度来说，你的观点很不错”“从某种意义上来说，这样的说法也能成立”。很显然，通过适度的赞美，可以有效拉近彼此之间的关系。

2．适当指出自己的错误

为了尽可能让对方在对话中掌握优势，我们可以采取自我批评的策略，先主动“坦白”自己言语中一些不太合理的地方，比如告诉对方“在这一点上，我可能真的不如您”“我说的这些观点并不完全正确”“有些观点还是应该听您的”，通过自我批评，可以有效减少双方的冲突。

3．让对方多说一点

我们可以采取出让话语权的方法，尽可能让对方先说。“我想听听您的看法”“您不妨多说一些，我也好深入了解您的观点”。一旦我们展示出这种倾听的姿态，对方可能会觉得我们开始认同他们的观点，这会让他们降低戒备从而谈论更多内容，这样一来我们将有更多机会找出破绽。

等到做足“退让”的文章之后，我们就可以在对方降低防备或者出现错误之后，采取进攻的姿态，这时候对方反而会表现出一种配合的态度，而这有助于我们更好地阐释自己的观点，也有助于这些观点被对方接受。

4 谦卑的说话之道

维多利亚女王是英国汉诺威王朝的最后一位君王，她在位时间长达 64 年，英国经济在她执政时期不断发展，进入“日不落帝国”时代。

与之相比，她的丈夫阿尔巴特显得很普通。在这场地位悬殊的婚姻中，维多利亚女王并没有因此而瞧不起自己的丈夫，而是想办法降低姿态，以一种谦卑的、温和的姿态与丈夫共处，双方结婚多年关系一直非常融洽。

有一次，夫妻两人在讨论问题的时候由于意见不同而争吵起来。当时阿尔巴特认为妻子仗着女王的身份而语气强硬，没有尊重自己的想法，非常生气地停止了讨论，赌气跑回卧室，并锁上了房门。等到女王处理完国事，准备到卧室休息时，却发现门被丈夫锁上了，于是只好敲门。这个时候，阿尔巴特还在气头上，他没好气地故意问道：“是谁在敲门？”维多利亚直接回应：“英国女王。”

阿尔巴特听了非常生气，一直坐在床上就是不给她开门。维多利亚只好继续敲门，丈夫这一次没有立即起身，而是重复着提问：“是谁在敲门？”这一次维多利亚女王直接回答：“是维多利亚。”可是门依然没有打开。

见丈夫仍不开门，维多利亚在门外想了想，又非常轻柔地敲了敲门，阿尔巴特仍旧询问“是谁在敲门”。

而这一次维多利亚女王非常温柔地回答说："是您的妻子，阿尔巴特先生。"听到这句话后，阿尔巴特打开了房门，两个人相视一笑，很快就和好如初了。

某位社会学家曾经说过："这个世界上有两种人很容易赢得他人的尊重，一种是极度自信且具有魄力的人，他们更习惯于发表一些强有力的宣言，因此他们是天生的领导者。还有一种人是名义上的谦逊派，他们奉行的策略就是保持言行上的低调，并且谦卑地对待这个世界，润物细无声地影响到身边的人。"

有人认为："有时候人们喜欢那些自信的人，而在多数时候，他们都会说'我喜欢那个谦逊的小子'。"从这句话可以看出，大家对于低调的人更容易保持平和的心态，也更容易接纳他们。

一个人要想让自己展现谦卑和低调的形象，需要把握一些说话的内容和方法。

1. 迎合他人

迎合他人是表现个人低调态度的一种方式，也是引起他人关注和信任的一个方法。具体的做法就是，当他人提出某个观点时，尽量给予赞美和认可，或者至少让对方觉得你对这个观点抱有兴趣。经常说“我认同你的看法”“您的看法挺有意思的”之类的话可以有效迎合对方，从而让对方对你更加信任。

2. 经常请教

在一个人人都渴望展现出自己实力的年代，经常向他人请教往往可以将自己谦卑的姿态展露无遗。所以我们不妨在交谈的过程中多问一些问题，或者对他人说：“您可以帮我解答一个问题吗？”“我希望能够得到您的教诲”，这样对于拉近双方关系大有裨益。

3. 注意倾听

对于谦卑的人来说，他们并不着急表达自己的观点，而是主动请对方发言，自己充当倾听者的角色。因此在很多时候，他们会这样告诉对方：“对于这些事情，我并不了解，所以还是您来说吧。”主动倾听这会让自己看起来更加温和，更尊重他人。

4．隐藏锋芒

谦卑和低调的人懂得隐藏锋芒，当他人提出某个问题的时候，即便他们非常了解，也常常会说“我对这些问题并不太了解”“我只是略知一二”“我的能力有限，能做的可能并不多”。这些谦虚的表达方式，能够有效保护自己免受他人的嫉妒和伤害。

对于那些担心遭人嫉妒或者引发他人不快的人来说，他们完全可以通过以上几种说话方法来掩饰自己的能力，让自己更受欢迎。

5 自然朴素的语言魅力

2014 年，孔雪梅应邀参加一个赞美教师的演说活动，当时主办方还邀请了一些演说者现场说法，以增加活动的效果。其中有一位大约 40 岁的中年女性引起了孔雪梅的关注，她并没有运用什么出色的演说技巧，也没有用华丽的辞藻，而是用非常平实、朴素的语言来讲述发生在自己孩子身上的教学故事。尽管这个故事非常简单，但是这位母亲朴实无华的讲述非常打动人。

直到第二天，孔雪梅的脑子里还在回想这位母亲所说的话。这

一次的经历，使孔雪梅对语言的表述发生了一些改变。在这之前，她也是一个不错的演说者，无论是在大学期间，还是在公司里，她都会通过出色的演说技巧和得体的语言去吸引他人的关注。听了那位母亲的话后，孔雪梅才意识到自己平时那些华丽的句子是多么空洞和苍白。

多数人都以为在说话的过程中，加入更多华丽的句子、词汇，就能够使自己所说的话产生更大的吸引力和说服力。其实，这是错觉。

虽然修饰的确会提升话语的说服力和吸引力，但是任何一种修饰都是一种辅助性的方法。它可以让我们的话听起来更加有水平，但并非总能给听众带来美的享受，而且过多的修饰会破坏语言原有的魅力，也脱离了说话的本质。

相比之下，一些没有太多修饰的话语，比那些纯粹依靠技巧和华丽词汇堆积起来的句子更能打动人心。因为任何真挚的感情都不是可以单纯通过技巧表现出来的。

从这层意义上来说，最好的语言就是返璞归真的语言，最高的说话境界就是保持自然朴素的语言风格。

某位推销大师认为："那些自诩为演说高手的人，往往不是合格的推销员。虽然一段很优美的话能够给人美的享受，但是说服不了任何人来购买你的东西，而有时候朴素的几句话，反而就可以让顾客心甘情愿地购买。"在他看来，华丽的辞藻、精妙的修饰都是一些无意义的摆设，真正具有说服力的话应该保持自然本色，重点突出语言本身所具备的价值和魅力。真正的朴实应该遵循一些基本的原则：

1. 简单直接

如果在一句话中加入各种各样的元素和技巧，语言反而变得更加复杂，这样一来就会影响谈话者理念的传达，也会影响倾听者对话语信息的提取。

正因为如此，谈话者想要让自己的谈话深入人心，最好的方法就是尽量让自己的话简单直接一些。

2．释放感情

需要注意的是，朴素的语言并不意味着毫无感情地说话，我们演讲时还应加入一些感情，毕竟情感是增强感染力的第一要素。将真挚的感情和朴素的语言结合起来才能增强听众的代入感，提高话语的说服力。

3．自然表达

自然朴素的语言不仅仅体现在说话的内容上，还体现在说话的方式上。很多人在说话的过程中喜欢加入一些不必要的停顿，这种技巧性的表达使用得太频繁会破坏话语的连续性。所以说话者在表达的过程中，还是应该尽量保持自然的表达方式，这样才能够让朴素的语言变得更加真实。

6 保持你的个性

著名演员马龙·白兰度外貌条件优越，但嗓音沙哑，这让他在表演的时候备受指责和讥讽。

电影《教父》开拍的时候，导演让马龙·白兰度念台词，结果没等他说几句话，导演就直摇头。当时导演甚至想要更换主演或者干脆进行配音，但是马龙希望导演给自己一个尝试的机会。

接下来，马龙·白兰度不断磨炼自己的演技，并将自己独特的

嗓音更为巧妙地融入剧情当中去。结果一段时间之后，导演发现这样的嗓音具有一种别样的美感，尤其是搭配上马龙忧郁深邃的眼神，使得人物优雅的同时透露出冷漠和高傲的气质。

当整部电影呈现在观众面前之后，马龙·白兰度沙哑的嗓音不仅没有成为破坏电影艺术的缺陷，反而成为整部电影最大的亮点。这样独特的嗓音，让人物变得更具魅力。而马龙·白兰度也因此受到观众的热捧，成为好莱坞巨星。更重要的是，这种沙哑的声音成了他的个人标签，只要他一开口说话，就会让人立刻着迷。

马龙·白兰度没有一味追求怎么让声音更加好听，而是从自己的个性出发，想方设法展示自己的声线特质，结果反而让自己的表达变得魅力十足。在日常生活中，我们也要学习这种态度和方法。

比如有的人说话比较木讷，语气也很舒缓，但是让人觉得很可爱；有的人说话语速很快，让人印象深刻；有的人说话声音很响，让人觉得底气十足；有的人说话平实，没有太多的技巧，但是显得足够真诚；有的人言语幽默，风趣十足，往往具有很强的吸引力；有的人声音舒缓、动听，就像朗诵散文

一样，给人带来美的享受。

无论哪一种方法，都可以表现出个人独特的气质和魅力。这些独具特色的说话风格并没有高下之分，只要是最适合自己的，就是最好的。

演说大师尼克·胡哲说过：“世界上那些最顶尖的演说者之所以能够获得成功，并不在于他们的语言组织能力多么出色，思维多么敏捷，学识多么渊博，而在于他们总是能够做到与众不同，他们拥有最鲜明的说话风格。”

想要培养和打造个人的话语风格，往往需要从多个方面入手，因为话语风格实际上是一个非常宽泛的话题，个人说话的声音、语速、口音、措辞、停顿、音调变化、说话的节奏控制、表达的方式，以及肢体语言的配合等，这些都是影响个人说话风格的关键。

1．开发自己的声音

在谈话的所有要素当中，声音是一个非常明显也非常重要的元素，好听的声音往往能够为个人加分，但是对于谈话者来说，展示出与众不同的声音特质才是打造个人风格的一个最重要的要素。

不同的声音有着不同的魅力，说话者并没有必要去效仿他人的声音。只要将自己的声音特色运用得恰到好处，就可以有效提升个人的魅力值。

2. 形成独特的节奏与音调

每个人在说话的时候，都有自己习惯的节奏和音调。有的人可能会因为自己的节奏与他人不同、音调有些怪异而感到苦恼，但其实如果表现到位的话，往往可以产生非常不错的效果。一旦个人的节奏和音调形成了一种特定的能够展示个性的话语风格，那么我们的谈话也会变得更具特色和吸引力。

3. 掌握合理的表达技巧

在说话的时候，适当加入一些表达技巧很重要，这有助于我们形成自己独特的表达方式。如果按照自己的需求和特点对这些表达方式进行适当完善并进行强化，就容易形成自己的风格。

比如反应灵敏的人可以采取辩证的表达方式，喜欢思考的人可以运用推理的方法说话，善于发掘细节的人可以采取对比手法论证……这样一来，我们说话的方式更容易深入人心。

总而言之，最好的语言就是那些能够充分展示自我，放大自身个性与魅力的话。当然，追求个性并不意味着要刻意打造一种另类的、怪异的说话风格，关键还是要打造一种符合自身特质的一种自然话语形态，毕竟那些能够让个性自然表现出来的话语才称得上是有魅力的谈吐。